中国文化创意师培训系列教材组织机构

白庆祥◎主编

中国文化创意师培训系列教材

文化产业经营管理案例解读

刘吉晨 白宇◎著

中国传媒大学出版社
·北京·

目 录

第一章　文化产业经营管理

本章提示

进入21世纪后，文化产业的重要地位越来越显现出来，不但为国家GDP增长做出了重要贡献，也为新的科技成果提供了载体，还为其他产业增加了大量的附加值，而且为人民群众的精神文化生活提供了消费品。胡锦涛同志在十七大上指出："大力发展文化产业，实施重大文化产业项目带动战略，加快文化产业基地和区域性特色文化产业群建设，培育文化产业骨干企业和战略投资者，繁荣文化市场，增强国际竞争力。"本章主要论述了文化产业的基本概念以及文化产业经营的特点。

第一节　文化产业的基本概念

一、概述

文化产业与文化产业经营管理是相互依存、相互促进的关系，文化产业是文化产业经营管理的基础，文化产业经营管理为文化产业的良好发展提供了支持。本节进一步论述了文化产业与文化产业经营管理的定义。

二、文化产业

要谈文化产业经营管理，首先要搞清何为文化产业。文化产业的概念最早出现在霍克海默和阿多诺合著的《启蒙辩证法》一书中，英文名称为 Culture Industry。有关文化，在《辞海》中是这样定义的：广义指人类在社会实践过程中所获得的物质、精神的生产能力和创造的物质、精神财富的总和。产业从经济学角度上看，是介于企事业等微观经济单位与宏观经济单位之间的，并投入一定的资源生产出具有共同特性的产品的集合体。在《辞海》中，产业有两种定义：一是指土地、房屋、工厂等财产；二是指社会的生产。例如，产业工人、产业革命、第三产业等，文化产业中的产业乃是第二种定义。文化产业是文化与产业的有机结合，是指从事文化产品生产和服务、开发建设、经营管理的产业，概括来讲就是从事文化产品的生产、流通和提供文化服务的经营性活动的行业总称，属于第三产业范畴。其基本特征是从事生产、创造价值，并通过市场交换来实现其价值增值，目的是为了满足广大人民群众日益增长的精神文化生活需要。

三、文化产业经营管理

文化产业经营管理是将文化、产业与经营管理进一步深化、结合、发展而产生的一门学问。经营管理在《辞海》中被如此定义：根据市场环境变化，采取相应对策，以保证企业取得良好经济效益的一系列管理活动的总称。文化产业经营管理是文化产业发展的关键，是为了向众多的文化产品消费者提供高质量的产品与服务，运用各种管理职能，对文化产业的各种要素进行有计划、有组织协调的活动。

第二节　文化产业经营管理的特点

一、概述

当文化产业发展到一定阶段和一定程度时，文化产业的经营管理便应运而生。伴随着文化产业经营管理的发展，它自身也具备了一些独有的特点。本节主要从管理模式、经营机制和知识价值三个方面分析了文化产业经营管理的特点。

二、管理模式的创新性

传统产业虽然也离不开创新，但是与它们不同的是，创新是文化产业经营管理的重要组成部分。管理模式的创新性，主要是指文化产品在生产和营销的过程中，始终贯穿着独具特色的文化创意。文化创意产业生产的文化产品要想在市场上获得经济效益，就一定要充分吸引消费者的注意力，知道消费者的需求。以文化、创意为核心，运用知识和技术，创造出新的价值，是文化创意产品的特性，是创意在一定行业内的物质表现，成功抓住大众的消费心理，成为推动市场供需的重要因素。

在文化产业中，人力资源是核心，创新是第一生产力。在信息时代，科学技术是万能的，创新成为经济发展重要的、不可或缺的因素和主导力量。但是，并不能因为如此我们便忽视生产手段对经济发展的促进作用。在文化产业的发展中，只有在生产和服务中融入创新要素和文化元素，只有当创意与科技相结合，实施严格的知识产权保护，建立高度市场化的交易平台，创新才可能渗透到经济之中，参与经济循环，为社会创造财富。

三、经营机制的文化性

总的来讲，任何文化产业的经营管理都是建立在一定的、特定的文化基础上的，任何经营管理本身都必须是有文化的，在此前提下经营管理才可以对一定的、特定的文化进行创新。同时，所有经营管理活动，都是以智慧和知识创造为特征的文化符号的积累、生产、交换和消费的产业活动，它同传统的以自然资源为基础的物质生产活动不同。文化产业经营管理生产的文化产品是无形的，而传统产业生产的则是有形的、有价的物质产品。文化产业经营管理既有经济属性，又有意识形态属性。文化产品的商品属性只是其一，另外还具有知识性和娱乐性，最重要的是它在很大程度上会对公众的价值取向和情感产生重要的影响力，影响着整个社会的伦理道德、文化环境、人文精神、科学文化等，它产生的社会效应是一般物质产品所无法比拟的。文化产业经营管理是一个国家软实力的表现，因此，世界公认文化及其产业在一定程度上是一个国家综合国力的反映。文化产业的经营管理对经济增长具有不可估量的作用，它还是知识、信息、技术密集的产业，数字化、网络化已经成为其必然的发展趋势。

四、知识价值的附加性

信息、知识，尤其是文化和技术等无形资产是文化产业经营管理的核心生产要素，文化产业是具有自主知识产权的高附加价值产业。知识价值的这种高附加值性，主要表现为经营管理赋予了文化商品一定的观念价值，而随着经济不断发展的状况表明，商品市场价值中观念价值所占的地位和比重越来越大。在以前经济发展水平不高，技术不发达，物质比较短缺的时代，商品的使用价值是人们最为重视的，而在生活水平大幅提高、社会不断进步的今天，技术交流与传播的速度大大加快，商品种类日益丰富并趋向同质化，于是商品中“精神性”的观念价值的重要作用就显现出来了。因此，当文化产业经营管理向传统的产业渗透时，会有力地推动传统产业向高附加值产业升级。例如，服装行业就成为了一个传统产业，但在把许多文化产业方面的经营管理元素加入以后，服装行业就成为了一个附加值行业，它具有知识密集的特点，避免同质化，增强竞争力，能够有效克服资源瓶颈的约束，保持持续快速的发展。

另外，对于文化产品来说，特别是原创性的文化产品，都是具有高附加值的产品，所以，文化产业经营管理也必然是具有高附加值的。因为从事文化产业的劳动是复杂劳动，而复杂劳动的价值与简单劳动的价值相比，则是成倍增加，特别是从事制作原创性文化产品的劳动，其价值与简单劳动相差更大，这完全符合经济学的相关规律。正因为文化产业经营管理的回报远高于其他产业，所以众多的投资者才会趋之若鹜。

思考题

1. 什么是文化产业？
2. 什么是文化产业的经营？
3. 文化产业经营的特点有哪些？

第二章 影视文化类经营管理经典案例解读

本章提示

随着经济的发展和社会的进步，广大人民群众的生活质量和水平有了很大提高。人们不再满足于物质生活的富足，对精神文化生活有了更高的追求。影视文化作为人民精神文化生活中的重要组成部分，在近年来也有了长足的进步和发展。本章着重讲述了关于影视文化方面经营管理的典型案例。

第一节 影视类案例及解读

一、概述

电影作为时下非常流行的时尚元素，是追求新潮的青年人所关注的焦点。本节通过实际案例，着重介绍了我国和发达国家电影产业发展的不同方式与运作模式，运用微观经济学的系统性、结构性的分析工具，对电影经营管理中的电影市场调研、选题策划、剧本创作、影片制作、整合营销、影院放映以及电影产品开发和电影战略管理、电影文化建构等基本问题进行了深层次的分析研究。

二、《杜拉拉升职记》:营销制胜

2010 年上映的电影《杜拉拉升职记》在同期的国产电影中显得比较另类,首先是因为它定位于现代都市生活,在同期电影中比较少见,另外它的宣传和广告营销也非常具有特色。

1. 影片的整体战略和定位

电影《杜拉拉升职记》改编于同名小说,小说的热卖与火爆为电影降低了项目投资风险,也为收回成本打下了坚实的基础,准确的市场定位给未来票房收益提供了有力支持。

一是营销战略。都市爱情这种电影类型为商务资源整合留下了很大空间。在商务合作上,该片的植入广告运作非常成功。据悉,在影片上映之前,光依靠植入广告就为该片收回了约 2/3 的投资成本,是 2010 年 4 月电影市场中票房投资比最高的影片。这是本片战略性营销最大的成功。

二是影片定位。原著小说讲述的是一个职场励志故事,而电影的定位则是职场爱情片。虽然职场励志电影的定位很有针对性,能吸引职场白领和即将踏入社会的大学生的眼球,但这种题材要想在两小时里讲述一个精彩的冲突性很强的故事难度非常大,观众的群体范围也容易被局限,使得风险较大;而爱情题材更易掌控,使得观众群体得以最大化,但是缺点是定位深度不够,会降低相关人群的忠诚度。二者选其一,制片方最终选择了后者,既降低了投资风险又降低了创作风险。有的电影由于对项目的整体战略、定位和营销认识不清或重视不够,导致无法获得观众的认同,这也是近年来众多国产电影无法收回成本的重要原因。

2. 影片档期“空前绝后”

一部影片的票房如何,档期选择的合适与否往往可以起到决定性的作用。合适的档期是非常有利的,这保证了《杜拉拉升职记》的发行放映规模。影片没有选择在情人节档和五一档上映,而是选择在 4 月,此月几乎无强势大片,而同档的《诸神之战》只有 3D 版,29 日上映的《叶问 2》与《杜拉拉升职记》有半月之遥,因此影响不太大,而其他影片整体宣传规模都不能与《杜拉拉升职记》正面交锋。所以,《杜拉拉升职记》的档期优势是显而易见的!

3.影片宣传规模和宣传方式

《杜拉拉升职记》的宣传规模比起投资规模来要大得多。该片以网络、电视媒体宣传为主,依托报纸、杂志等传统平面媒体,同时辅以大规模的“广告轰炸”。由于营销得力,该片大大节省了宣传成本,达到了事半功倍的效果。

电视和网络媒体是《杜拉拉升职记》的重点宣传合作伙伴。在与电视媒体的合作中,《杜拉拉升职记》除了与 CCTV—6 达成战略合作协议外,还与北京卫视、上海东方卫视、深圳卫视等国内主要城市的电视台联手打造首映礼。这在很大程度上弥补了电影频道所覆盖区域的局限,大大提升了电影的影响力。

值得一提的是,以“爱情”、“时尚”为标签的《杜拉拉升职记》在平面媒体的宣传上除了把电影类杂志作为宣传投放的重点外,影片主角还连续在生活类、时尚类、综合类大刊的杂志封面上出现,还配合很多杂志专访及专题报道,增加曝光率。《杜拉拉升职记》的影响力覆盖了平面媒体的娱乐版以及时尚、综合类媒体,“杜拉拉”不仅仅是娱乐、电影的话题,而且成功上升为时尚、生活的热门话题。

此外,影片上映前一个月是最为密集的宣传期,从飞机、火车、公交、地铁到站台广告、城市大屏等,《杜拉拉升职记》的广告几乎覆盖了人们日常生活的各个方面,各个阶层、各个年龄段的人群都对《杜拉拉升职记》有了较为直观的了解。

《杜拉拉升职记》除了常规的新闻、媒体宣传外,还有相当一部分是赞助商的捆绑式宣传。例如马自达睿翼轿跑以电影《杜拉拉升职记》为平台,举办了十大职场语录征集活动,吸引了 280 多万人参与,还在社会上引起了广泛的关注。

4.营销宣传手段及特色

《杜拉拉升职记》的热映使得影片中的广告植入也成了热门话题。广告营销是这部电影在营销方面的一大特色。定位于现代题材,以时尚为卖点,是该影片广告营销成功的先决条件,但最主要的原因还是 DMG 公司的参与。作为出品方之一的DMG是一家4A级广告公司，也是国内最大的广告公司之一，拥有强大的客户群和丰富的招商经验，深谙广告营销之道。

【案例解读】

电影《杜拉拉升职记》能够获得成功，综合起来有以下几个特点：

1. 正确的影片整体战略和定位在很大程度上降低了投资和创作风险，确保了影片的质量和收益；

2. 优势明显的发行上映规模，消费均线的持续高位，保证了首周票房；

3. 独特的宣传方式，鲜明的特色，使得新闻数量屡创新高；

4. 恰到好处的电影广告营销，同时也为未来国产电影的营销指明了方向。

对于一部电影的制片方而言，竭尽所能地降低项目风险是重中之重。在产业链还不完善、相关体制还不成熟的外部市场大环境下，积极开发产业链、大打广告营销牌是降低风险、提升价值的一条可行之路。对行业人员来说，《杜拉拉升职记》更是一部杜拉拉“升值记”。今天，电影市场正在逐渐开放，并快速发展，国产电影将迎来一个快速成长繁荣的阶段。行业内各个环节若用科学的方法指导工作，积极学习，善于总结，国产电影必将崛起。

三、《达·芬奇密码》的成功之道

2006年5月19日，历时3年、耗资1.25亿美元的美国大片《达·芬奇密码》全球同步上映。它改编于美国作家丹·布朗的一部小说，这本书以750万本的成绩打破了美国小说销售纪录，目前全球累积销售量已突破6000万册，成为有史以来最卖座的小说。电影《达·芬奇密码》继承了小说的火爆情势，上市3天票房收入就达到了2.24亿美元。对于目前陷入竞争僵局的中国市场来说，《达·芬奇密码》这个营销神话是非常值得学习的。《达·芬奇密码》凭借出色的营销数据，成为世界电影神话的又一巅峰之作。站在产品力的角度去剖析这一商业大片的运作过程，无疑能帮助陷入营销困境的本土企业开启新的营销思维模式，探索新的产品开发理念，打造属于自己的一片天地。

文化营销，实质上是凌驾于实物营销之上的，也可以说文化营销的价值贡献远远大于实物价值贡献，是一种营销先锋模型，以“意识流”的催生、激活、扩散和沟通为核心。文化与物质相对，其产品形态的多元化就成为必然。从创造消费者价值这个角度回望，产品链丰富的深度和广度，决定了企业服务的个性化程度和竞争力的高低。《达·芬奇密码》的成功是一个系统的成功，放大这个系统，产品的多元化给了我们很大的启示。

《达·芬奇密码》的经营是娱乐营销、体验营销和创意营销的综合体，其中创意营销是主打战略。

第一，发展与众不同的文化元素。好莱坞曾经拍摄过大量电影都是将文化作为直接的创意元素甚至是主题。这种电影的元素或主题随着社会关注点的转变而变化。在20世纪，真伪、善恶、美丑、战争与和平是社会的焦点；自21世纪以来，社会所关注的焦点转变到对环境、技术与人、宇宙和自然的关系、有关生命的起源和演变等方面。《达·芬奇密码》将此推到了极致，关注西方世界中人类对上帝的信仰问题。《达·芬奇密码》被宗教界判定为异端电影，被宗教界所抵制，但恰恰也是这些争议激起了人们对有些衰落的宗教信仰的兴趣。从营销的角度来看，不论是其重要性、差异性还是与消费者的相关性都是十分重要的。而创意元素或主题发展停滞也是消费者对国内电影产品的关注和兴趣不高的一个原因。

第二，品牌意义与消费者关注点达到一致。从市场的角度看，要获得消费者的认同，还要看消费者对产品的卖点和特点如何解读，即消费者如何赋予它以意义并是否引起共鸣。《达·芬奇密码》中涵盖了数学、文学、社会学、宗教学以及艺术史等方面，各种激动人心的情节贯穿始终，将人们关注的信息有机地引入作品。《达·芬奇密码》对于生命、宗教和历史的探微，吸引了消费者的注意。

第三，拉近与观众的距离，创建体验平台。《达·芬奇密码》创建了良好的体验平台，把传统和现代紧密地联系在一起，将神秘的历史事件放到现代的环境里来解密。在小说中，虽然这是一种加强悬念的创作方式，但在拍成电影后，实际上是创造了一个体验的氛围，拉近了观众与历史的体验距离。借用男主人公罗伯特·兰登的一句话：过去我们在研究历史、分析历史，现在我们还要体验历史、创造历史。《达·芬奇密码》将体验营销的精髓隐含在这句台词中。

【案例解读】

《达·芬奇密码》以营销创新的概念为出发点，但概念发展为战略和实际行动才能更加显现出营销的威力。《达·芬奇密码》的品牌营销战略就是延伸、联盟和特许。

1. 品牌的延伸

(1)追求内容的一致性。保持创意品牌延伸的一致性可能比传统的产品品牌更重要。因为如果一个成功的原创被大众接受后，过多地改变原创的产品可能会被视作歪曲，再严重一点的话甚至会被看作篡改或破坏。那么多名著被改编为电影、电视后并不讨好原作者和广大消费者的原因可能就是源于此。这种不讨好并不一定是改变后的产品不好，而是因为消费者思维中对原创产品的保留性以及经典性认知。《达·芬奇密码》这一点做得非常好，前后产品的内容一致性非常贯通。

(2)延长市场周期。创意产品往往具有体验消费的烙印，产品的市场周期具有时间短、热情度高等特点，来也匆匆，去也匆匆。其品牌延伸选择在原创产品的市场周期的顶点上延伸，充分利用原来的品牌效应，再推高尖峰，或者推起第二个尖峰，将时潮的市场周期转变为式样的市场周期。这个例子可用日常生活中的基本体验来说明：当我们享受食物的时候，喝上一瓶啤酒，再加两个馒头，可能感觉好极了。但是，喝上一瓶啤酒，闲等半小时后再加两个馒头，对后面两个馒头的食感可能就会下降。所谓趁热打铁，即表达了创意营销品牌延伸时机的分寸和火候的把握。

(3)体验的叠加性。在产品品牌延伸中，利用原有品牌资产，仅能给消费者提供新的产品或新的功能。而在体验式的创意营销中，不但能给消费者提供一次新的享受经历，而且可以将其体验在原有体验的基础上推到新的高度。

2.联盟战略

《达·芬奇密码》在电影上映时,与索爱手机结成了品牌联盟。此次二者的合作,看起来是《达·芬奇密码》进行了成功的广告媒体销售,它通过提供促销机会和资源获得了收入,但实际上,双方的合作比促销的层次更高,更像促销联盟。首先,这一促销合作方式有益于强化双方的品牌地位和特征,传递现代惊异感。《达·芬奇密码》选择索爱而不是其他品牌,双方品牌特征的互补可能是重要的撮合因素。其次,销售的相互促进。《达·芬奇密码》电影促进了索爱手机的销售,索爱在大型销售场地投放含有影片内容的广告,形成促销的相互回馈。这两点为创意品牌和其他品牌的联盟提供了基本的合作原则。

3.特许经营

《达·芬奇密码》的原创产品是小说,小说畅销后,延伸到电影,电影在全球96个国家同步上映,迅速走热,旋即以《达·芬奇密码》命名的腕表、游戏又纷纷登场。在短时间内推出多类型的产品,如果不采用特许经营,而是依靠自身的资源进行开发、生产和营销,则很难实现,风险也很大。有人说,《达·芬奇密码》每一个毛孔都涌动着商业机会,但如果要抓住三个以上的机会,靠自己就不能胜任了。特许经营使《达·芬奇密码》实现了品牌的爆发式增值。《达·芬奇密码》的特许经营成功,为创意品牌的特许经营验证了以下战略原则:(1)通过品牌特许,利用他方的资源开发和生产产品,可以更好地满足创意产品的时潮式市场周期的态势要求,保证抓住市场时机。(2)品牌特许和产品特许同时展开,利用事件营销的巨大关注效应快速撇脂。

作为尖峰式体验产品的《达·芬奇密码》,其热潮可能很快就会过去。但是它的创意营销,在提供了创意营销的创新经验之外,对于产品和服务品牌的营销而言,也提出了一个很深刻的问题:品牌战略的模式变了吗?从《达·芬奇密码》的消费者反应、索爱与

《达·芬奇密码》的促销联盟，进而想到“超女”节目的效应，笔者的回答是：正在变。

第二节 电视类案例及解读

一、概述

随着商品经济的发展和现代科学技术的广泛应用，广播电视业以前所未有的速度迅猛发展，但是我国的经济文化发展还相对滞后，需要改进的地方很多。本节从电视剧成本经营管理、宣传手段、营销手段、周边衍生产品开发等方面对广播电视业的经营管理进行了详细说明。

二、万人空巷看《甄嬛传》

《甄嬛传》改编自流潋紫所著的同名小说，讲述了甄嬛从一个不谙世事的单纯少女成长为一个善于谋权的深宫妇人的故事。该剧于2012年3月26日在安徽卫视、东方卫视上星首播，安徽卫视开播后一周便以1.103的收视位居全国第一，该剧也创下了东方卫视电视剧有史以来在上海本地数据和全国数据的最高值。与卫视同步播出的乐视网在上线一周后，即收获近5亿的单集点击量，迅速占据了网络排行榜的冠军宝座。2013年6月18日起该剧在日本BS富士台播出，日语片名译作《宫廷の诤い女》。据中国之声全球华语广播网报道，《甄嬛传》在日本DS富士台首播后出现了非常火爆的景象。在中日关系处于低谷之中时，一部中国电视剧作品可以在日本爆热其实很让人意外，在日本有大约3927万的观众群，这一数字对于只有1.3亿人口的日本来说简直是破天荒，这种爆热爆红的场面在日本是非常罕见的现象。此外，该剧还带旺了小长假故宫游，皇后的景仁宫、华妃的翊坤宫、敬妃的咸福宫、安陵容的延禧宫……这些都成为了游客竞相参观的热门宫殿。

《甄嬛传》的成功归因于以下几个方面：

第一，角度新颖。《甄嬛传》比起《步步惊心》和《宫》等清朝剧，故事的背景不再是趣味化的穿越，而是着重描述了深宅大院、多角博弈、后宫传说等元素，更加细节化、故事化、情感化，用此起彼伏的钩心斗角和恩怨情仇堆积出人物的命运。《甄嬛传》对后宫斗争的展示比一般宫廷剧更为辛辣。

第二，情节引人入胜。皇权之下，等级森严。从答应、常在、贵人、嫔、妃，到贵妃、皇贵妃，如登刀山，愈登刀愈尖。政治上的世袭制决定了皇帝必须绵延子嗣，这是后宫"最大的政治"。皇帝客观条件下的不能专宠与后宫女子主观意志上的竞相争宠，构成了不可调和的矛盾。《甄嬛传》以一个纯真少女在皇帝后宫几经沉浮、生死搏杀的命运轨迹，狠辣地撕开了封建宫廷的重重帷幕，让观众真切地看到了"颜色如花、命如一叶"的落寞与悲怆。

第三，播出时间零干扰。《甄嬛传》在东方卫视上星播出，从时间选择上便显苦心。传统的黄金档是晚间八点到十点之间，《新闻联播》后往往有半个小时无剧可看的尴尬，一般各卫视都千篇一律播出地方新闻或广告。但东方卫视在《新闻联播》后无缝接入《甄嬛传》，成为全天最早开播该剧的卫视。剧集中基本不插入广告，在最大程度上减少了观众在广告时不耐烦换台的几率。

【案例解读】

《甄嬛传》在中国电视文化市场的火爆，为我国正在推行的文化产业化战略提供了可借鉴的途径，然而也带来了一些方面的争议：

第一，价值观争议。2013 年 9 月，《人民日报》刊文称韩剧《大长今》"只有坚持正义才能最终战胜邪恶"的价值观比《甄嬛传》"好人斗不过坏人，好人只有变坏、变得比坏人更坏才能战胜坏人"更正确，并指出评价历史题材作品时，最重要的标准还不仅仅是真实性标准，而是价值观标准，不正确的价值观会导致观众把不正确的生存理念带入现实生活。然而，2014 年 1 月《求是》提出了与《人民日报》相反的观点，为《甄嬛传》正名，认为《甄嬛传》"不是歌颂阴谋、欣赏斗争，而是借一个个青春女性理想和生命的惨烈毁灭，揭示出封建社会的腐朽本质。”文章强调人民大众的审美鉴赏能力是值得信任的，“文艺批评要充分尊重艺术规律，充分尊重作家艺术家的创造性劳动，最大限度地贴近社会大众的审美心理”。

第二，男权争议。《后宫甄嬛传》中宫规的核心不外乎两点，一是各等级后妃所有起居言行都有相应的严格框定，不可逾越，二是位卑者对高位者完全地服从。如此，女性的一切行为、言语乃至思想都与其等级完全挂钩，而后宫中唯一的男性，即皇帝，只要掌控住改变女性等级的权力就可以全盘操纵女性的生活乃至命运。女性唯有从男性处获得更高的等级地位，方能证明自己的美丽、才德、体面、尊严，因此所谓后妃“争宠”从本质上说即是争取男性的认可。剧中更通过皇帝直接赐予后妃的“封号”对每位女性进行了个性评定，这一评定因是皇帝针对每个人分别授予，故其价值凌于等级称号之上。在《后宫甄嬛传》中，封号即是对女性的最终极的个人评价，甚至超越了女性自我的姓名，直接用以代表女性本身。

除此之外，当《甄嬛传》火遍亚洲的同时，这部国产电视剧还成功输出到了美国。国产剧能够在国外电视台播出的可谓凤毛麟角。由于风俗习惯和价值观的不同，国产现代剧走出国门困难重重，这种情况带给我们的思考是：

第一，现代剧不符合国外观众观剧的习惯。输出的国产剧之所以全是古装剧，主要是由外国人的兴趣决定的。古代的历史、英雄人物和生活方式是外国人最感兴趣的，很多美国华人甚至白人青年把它们当作学习中国历史的一种课外材料。一些武侠电视剧在这些因素的基础上还增加了中国功夫，这就更加增加了他们的兴趣，因此，国外电视台在采购电视剧时也偏好这些题材。

第二，国产剧缺乏优秀的营销人才。中国电视剧制作行业缺乏既有艺术鉴赏力，又对市场有充分了解的营销人才。虽然我们不乏一些优秀的国产剧，但因为没有懂得包装的人而错失了走向海外市场的机会。

三、电视剧《大长今》的成功营销

韩国电视剧《大长今》引起的“长今热潮”席卷韩国、日本，及中国内地和中国台湾等地。相应地，“大长今”品牌与经济效益也随之开始逐渐扩张与增长，在全球掀起了一股韩剧潮流，整个“韩剧热”更极大地推动了韩国的经济。此外，《大长今》及其相关产品的市场回报率非常高。据韩国 MBC 电视台透露，截至 2007 年 6 月底，《大长今》在韩国国内外播放和复制发行权已经有 333 万美元的收益。并且《大长今》在我国播放后，凭借其热度，韩国的膳食和医药产品也供销两旺。在香港，人参和冬虫夏草比以前销量上升了 10%～20%。到韩国旅游的客人买高丽参的数量也有所上升。似乎许多人并没有想到《大长今》能够如此热播，电视剧这种展现大众文化特色的产品，它的输出一般是从“强势”流向“弱势”，而韩剧却能“逆势而上”，如此大规模地挺进文化大国，创下可观的经济效益，在多元化的文化市场中占有一席之地，其文化创意和商业运作创新可谓居功至伟。

【案例解读】

《大长今》作为韩国文化的代表作之一，其价值已经不仅仅局限于其发行权本身。《大长今》已经成为韩国文化的一个象征，其品牌价值与社会价值已经不能用金钱来衡量。其中最大的赢家就是剧中所涉及的韩国的饮食与医药文化，消费者对影视剧的广泛认可，进一步转变成为对剧中所涉及的文化的一种好奇。就在这种连锁效应中，《大长今》完成了对附加价值的第一次创造。进而《大长今》成为一种文化符号掀起了一股“韩国旋风”，服装、旅游、汽车、家电甚至韩语都成为《大长今》热播后的受益产业。其涉及范围之广不得不让人叹服。相反，中国许多影视剧在完成对初级阶段价值回收之后便大多销声匿迹，很少有能发挥社会商业价值的。而且《大长今》中的许多故事很容易让人联想到中国的传统文化。这些对中国文化产业的发展作出了突出的示范，提供了启示。

中国是有着5000年文明的古国，具有深厚的文化底蕴，中国的电视剧也具有很强的文化基础，但中国国产电视剧却还处在初级发展阶段。不得不承认，韩剧的创新、开发和商业运作的确值得我们好好借鉴。

第三节 综艺节目类案例及解读

概述

近年来，在电视业内大有“得综艺者，得天下”的趋势。在各大电视台，无一例外地都扛起了综艺的大旗。就连央视近年在收视份额被各省级卫视层层蚕食后，也不得不在综艺节目上加大力度。综艺节目之于电视江湖，其地位和作用可见一斑。由于电视综艺节目兼容性强，集欣赏、娱乐、知识、审美等多项功能于一身，使得不同艺术体裁进行有机综合后产生了新的艺术效果，因此，电视综艺节目是目前电视界极为常见，也极受欢迎的一种电视节目类型。

席卷海外的《中国好声音》是由浙江卫视联合灿星制作打造的一档大型励志专业音乐真人秀节目，该节目于2012年暑假震撼登陆浙江卫视。它不仅是一个新颖的选秀节目，更是中国电视历史上真正意义上的首次制播分离。由于第一季的成功，《中国好声音》第二季的网络播出版权费狂飙百倍，最终被搜狐视频以1亿的天价购得其独家网络播出权，各组学员也成为演出公司经纪代理的目标，纷纷争先签约其代理演出。这些成功都要归功于其完整的商业运作模式。

第一，明星导师共同打造产业链。过去邀请嘉宾的方式较为简单，节目组打包报价或是按照场次计算，嘉宾每做一期节目算一场报酬。但是，《中国好声音》让明星们长期共同投入，使得明星导师参与节目的制作与维护。除此之外，灿星制作还把选手签约以及签约之后的商业演出等项目都收归自己所有，包括音乐学院、演唱会、音乐剧、线下演出等在内的全产业链，导师们也会利用自己的资源帮助全产业链的打造，明星导师们共同投入，这在以往本土的节目制作过程中是一次全新的尝试。

第二，打包冠名权。冠名成功会带来巨大的品牌效益，这有过成功的范例。2005 年，蒙牛酸酸乳以 1400 万元冠名“超级女声”，随后追加了 8000 多万用于带有超女元素的产品包装、路演、广告宣传等，使蒙牛酸酸乳的销售量从 2004 年的 7 亿元人民币飙升至 30 亿元。在《中国好声音》中，加多宝以 6000 万的冠名费冠名。在节目中，主持人高频语速念叨加多宝广告，屏幕下方不断闪烁着加多宝饮料瓶，让这家处于品牌权纷争的饮料品牌赚足了眼球。四期节目之后，在加多宝看来这笔支出达 6000 万的营销统筹必然是成功的，花得值。

第三，联手中国好电视。2014 年 7 月，TCL 正式成为“第三季中国好声音电视行业独家合作伙伴”，彩电企业首次踏上《中国好声音》的大舞台。有媒体评论：这是今年彩电业与热门综艺节目最深度、最全方位的合作，将共同为亿万观众打造 2014 年度最炫的娱乐视听盛宴。亦有行业观察人士指出，此次 TCL 率先逆市而动，将有望再次以行业领军者的姿态启动 Q3/Q4 旺季市场并掌握主动权。而 TCL TV＋家庭娱乐电视带来的全新娱乐体验，将让家庭的欢乐时光在客厅重聚。

【案例解读】

虽然《中国好声音》站在原版——荷兰《The Voice》这一巨人的肩膀上，但两者在赚钱的模式上却不尽相同。总结《中国好声音》在商业模式上的创新之处跟商业效应之间的关系如下：

第一，制作单位参与广告分成。制作团队灿星制作真正实现制播分离，而且与播出平台浙江卫视达成协议，如果节目收视率达到一定标准，将由双方共同参与广告的分成。而因为灿星制作承担了所有的版权费，如果节目达不到规定的收视标准，他们还将单方面担负广告商的损失。利润与风险双重刺激下，逼着灿星制作不惜成本与投入打造最好的产品。

第二，世界巡演。2013 年 11 月 24 日，《中国好声音》首次世界巡演启动仪式在北京盛大开幕。来自北京地区和各巡演城市的 103 家媒体齐聚一堂，与《中国好声音》的金池、吴莫愁、平安、张赫宣、王乃恩一起见证“好声音”首次巡演的启动。

第三，积极投入慈善事业。2014 年 8 月 3 日云南省鲁甸发生 6.5 级地震，造成重大人员伤亡。正在嘉兴进行录制的浙江卫视《中国好声音》也在焦急地关注着云南前线的救灾动态，在四位导师的倡议下，节目组决定通过“壹基金”为鲁甸灾区捐款 500 万元，用于设立“壹基金壹乐园好声音音乐教室”——好声音爱满云南鲁甸公益项目的建设。这些义举无疑为“好声音”提升了观众的好感和支持度。

第四节　影视机构类案例及解读

一、概述

近些年，借助于影视业的红火，与影视相关的机构和组织也获得了很好的发展机会，有的机构通过良好的经营管理不断发展壮大，也有的处境尴尬、逐渐没落。本节通过国内外影视机构的经典案例，从正反两方面来具体阐述影视机构方面的经营管理经验。

二、横店影视城：“中国的好莱坞”

横店影视城，位于中国东阳市横店境内。1996 年至今，横店集团累计投入 30 亿资金兴建横店影视城，为国家 AAAAA 级旅游区，距杭州 160 公里，处于江、浙、沪、闽、赣四小时交通旅游经济圈内。这座亚洲规模最大的影视拍摄基地在十多年前还只是一个默默无闻的小镇，然而今天它已经发展成为集影视、娱乐、旅游于一体的影视城，已建成广州街、香港街、明清宫苑、秦王宫、清明上河图、梦幻谷、屏岩洞府、大智禅寺、明清民居博览城等 13 个跨越几千年历史时空、汇聚南北地域特色的影视拍摄基地，以及两座超大型的现代化摄影棚。横店影视城被美国《好莱坞》杂志誉为“中国的好莱坞”。

近年来，随着横店影视城的声名鹊起，来横店拍片、影视采访的新闻媒体络绎不绝。许多国内外知名的影视作品都在这里取景拍摄，例如张艺谋的《英雄》、《满城尽带黄金甲》，陈凯歌的《无极》，美国的《功夫之王》、《生死有命》，中国和芬兰合拍的《玉战士》，加拿大的《马可·波罗》、《铁路》，韩国的《千年湖》、《飞天舞》等等。横店影视城的成功与出色的经营管理是密不可分的，它全新的体制和经营模式不仅推动了影视产业化的进程，而且也为企业带来了丰厚的利润。它囊括了不同历史时期的宏伟建筑风格，通过影视城这样一个方式，搭建了中国与世界文化交流的平台。它给人们带来丰盛的视觉大餐，以满足人们日益增长的文化需求。

1. 横店影视城的发展历程

1996年，谢晋导演拍摄《鸦片战争》使横店集团与影视结下了不解之缘。当时，横店集团投资4000多万元，历时四个月，为《鸦片战争》量身定做了一座19世纪南粤广州风情的影视园，包括3万平方米的水面“珠江”、珠江畔十三洋行、天字码头和1840年的广州街景等。

1998年，横店影视城耗时8个月建造了气势恢宏的“秦王宫”，占地800余亩，总建筑面积11万平方米，是为陈凯歌的《荆轲刺秦王》专门打造的。为了吸引更多的制片方和导演来横店拍摄，横店影视城的配套设施仍在不断完善。影视城提供各类配套服务，既能提供专业制景、设备车辆租赁、道具服装化妆等方面的服务，又有庞大的群众演员队伍。横店演员工会拥有2000余名来自全国各地被称为横漂一族的特约演员。方圆10平方公里的横店，拥有10余家星级宾馆8000余个床位，无论是高档酒店、基地宾馆，还是游乐园、夜总会、桑拿中心、演艺中心、健身中心、保龄球馆等设施皆配套齐全。

2004年4月2日，浙江横店影视产业实验区正式挂牌成立。这标志着中国首个国家级影视产业实验区的诞生，横店影视基地也由“拍摄基地”升级为集创作、策划、拍摄、制作、营销于一体的“产业基地”。

2. 横店影视城取得的成绩

经过10多年的发展，横店影视城建设了一条拥有专业的影视产业设施、完善的影视行业服务的完整且具拓展性的影视产业链。它以其厚重的文化底蕴和独特的建筑风格被评为国家首批AAAAA级旅游区。横店影视城将影视城与旅游业有机地融为一体，已成为目前国内配套设施最全、历史跨度最大、拍摄场景最多的影视拍摄基地。

横店的旅游业也随着影视业的发展而红火起来，取得了经济效益和社会效益的双丰收。横店接待的游客从2001年的几十万发展到2011年的1050万。2011年，接待影视拍摄剧组150个，营业收入同比增长50%，利润同比增长70%，荣居“中国旅游百强景区”排行榜第四位。此外，横店影视城还屡获殊荣：

2003年，被评选为“浙江省十佳最具吸引力的旅游景区”；

2004年，被国家广电总局批准为中国唯一的国家级影视产业发展基地；

2006年，被评为“中国十大影视拍摄基地”；

2007年，被第10届上海国际电影节评选为“中国最具特色影视拍摄基地”；

2009年，被省文化厅确定为“浙江省文化产业示范基地”；

2010年，浙江名牌战略推进委员会正式认定“横店影视城”为浙江名牌。

横店影视城也越来越被国际媒体所关注。在2007年，由26个国家主流媒体的55名记者组成的“欧非记者采访团”集体考察、采访横店。美国、德国、法国、奥地利、瑞典、加拿大、韩国、日本等国家的媒体记者也频频采访横店影视城，很看好它的未来发展前景。意大利威尼斯电影节主席马克·穆勒曾经造访横店影视城，对有“中国的好莱坞”之誉的横店影视城所取得的不俗业绩感到相当惊讶，表示将与横店开展深层次的合作。

在首届“中国文化创意园区新锐榜”评选中，横店影视城被评为“最佳投资环境园区”，已经有218家企业入驻，注册资金达到了7.5亿元。

3.横店影视城的经营管理策略

在全国众多影视城经营不景气的情况下，横店影视城却日益蓬勃地发展，这与其打破单一依靠场租维持影视城经营模式的策略是密不可分的。横店影视城突破常规，将横店整个城市建设成一个规模庞大、功能完备的影视产业配套和后勤服务基地。横店影视城的成功还得益于以下几个因素：

(1)注重品牌文化建设。品牌是企业的核心竞争力，是企业的灵魂。因此，横店集团大力发展影视文化产业，为把横店建成“中国的好莱坞”而努力，精心打造“横店影视”强势品牌。

(2)定位准确,多方位经营。在综合分析世界上一些著名的影视城后,横店影视城制定了品牌建设路线,明确了品牌特征。

(3)丰富影视城内涵,加强软实力。横店集团在不断提高硬件设施的同时,还不断强化服务理念、提升剧组和游客满意度。为了推行标准化管理,影视城调整影视拍摄服务与管理的业务流程,制定了一系列标准,使各种服务与管理有章可循,还下大力气改造了一批摄影棚,缓解了剧组对摄影棚需求的紧张,并积极在横店周边地区挖掘场景资源,力图实现资源利用的最大化。

(4)加强影视城景区与游客的互动。如游客在横店影视城游览时可现场观看大片的拍摄过程、近距离接近大牌影视明星等等。这种以硬件旅游资源为基础,辅以软实力,大大增强了横店影视城的吸引力和市场竞争力。

(5)采用先进的营销体制与模式。横店影视城建立了全国第一家专业的旅游营销公司,以"江、浙、沪"为中心,辐射全国,建立高效的营销平台及网络。

(6)运用高效、可行、实用的宣传手段。横店影视城的宣传手段确立和提高了其在全国不同区域的认知度。

【案例解读】

经过十多年的发展,横店影视城已经成为中国文化体制改革的排头兵。横店集团从1996年开始涉猎影视文化产业,在1999年整合了影视、旅游和服务等资源,加强了凝聚力与品牌竞争力。从单一地为剧组提供拍摄场地,到可以为剧组提供齐全配套的设施服务,横店影视城不仅大大降低了剧组的制作成本、提高了工作效率,同时也创造了可观的经济效益与品牌效应,吸引了更多的海内外剧组到横店影视城拍摄,众多的游客也慕名而来。横店影视城与美国时代华纳、中国电影集团、香港东方娱乐公司等著名影视机构开展合作计划,提高了横店影视城的品牌影响力、整体管理效率以及自身的技术水平。

横店集团作为一家民营企业经受住了市场浪潮的洗礼,它成功为国内民营企业发展文化产业树立了榜样。目前集影视制作、产品研发、交通旅游等于一身的横店影视城今后必将诞生出更多更好的影视作品,其未来发展必定更加辉煌。

中国金鸡百花电影节一直是中外电影的盛会，也是中外影人的大聚会，是中国电影人向世界展示中国电影成就和世界电影人了解中国电影现状，以及中国和世界电影界互相学习、互相借鉴的重要而独特的窗口。但是近年来金鸡百花电影节的各种争议一直不断，影响力一年不如一年，逐步走上了下坡路。下面就以第19届金鸡百花电影节为例来细数一下金鸡百花电影节的尴尬处境。

2010年10月12日第19届金鸡百花电影节在江苏省江阴市拉开帷幕。身为首个承办金鸡百花电影节的“县级市”，它难掩尴尬：参赛片陈旧、不设编剧奖、奖项分量变轻等，金鸡百花电影节遭遇到空前的信任危机。重量级剧组也屈指可数，冯小刚、章子怡、赵薇等大牌明星也只是在闭幕式当天匆匆亮相。

1.剧组屈指可数

与往年相比，2010年的金鸡百花电影节似乎格外黯淡，不仅大牌明星寥寥无几，连国内主要电影制片公司，如华谊兄弟、保利博纳、中影集团等都集体缺席。2010年确定到江阴的剧组多为中小制作国产片，如《魁拔》、《幸福并不遥远》、《奥戈》、《重返香巴拉》、《月光井》、《春蕾绽放》等，不但缺少明星，而且许多剧组、演员甚至无法提前查到资料，毫无知名度。除《堂·吉诃德》外，此后几天较抢眼的剧组只有《密室之不可告人》和《李小龙传》。

2.贺岁片单元无故夭折

金鸡百花电影节最早公布的日程里有延续2009年创办的“贺岁前夜”活动环节，记者们曾对其寄予厚望，期待在这个贺岁片单元里能抢先报道《让子弹飞》、《赵氏孤儿》、《新少林寺》等即将上映的大片。但是令人失望的是，主办方提供的日程安排显示“贺岁前夜”被取消，取而代之的是“乡土电影展映”单元和“民族电影展映”单元。参展电影中除了刚在上海电影节夺得大奖的《碧罗雪山》，其他基本上都是闻所未闻的小片，有记者甚至无奈地笑道：“在县级市里举办的金鸡百花，连农村电影展映都成了主要单元。”

3.明星缺席屡见不鲜

在距离电影节开幕只有两周时间时，已经预备赴江阴采访的记者们仍无法确定报道日程。而按惯例，确定出席电影节期间活动的明星名单应该已落实，需要在电影节期间宣传的剧组也会主动和媒体互相通气。2010 年自开幕就表现得星光黯淡，有业内人士认为江阴的硬件设施限制是主因。共 5 天的电影节，一线明星迟迟未确定名单，他们只在最后一晚匆匆出席，只成了电影节的点缀。

4. 不设“编剧奖”惹争议

2010 年，金鸡百花电影节还未开幕就遭遇当头一棒：包括《建国大业》编剧王兴东在内的几位编剧在网上联合发表文章，炮轰金鸡百花奖不设置编剧奖的行为。对此，金鸡百花组委会主任、中国电影节协会副主席康健民接受采访时称：“‘编剧奖’的设立与取消不是哪一个人能随便决定的，组委会已经打报告要求恢复编剧奖，但需要一个审批过程。”

5. 又见“双黄蛋”

往年金鸡百花奖频频产下“双黄蛋”而被媒体批评为“分猪肉”，因此电影节开幕之初，组委会主席康健民便表示 2010 年金鸡百花奖绝不出现双黄蛋，又称：“本次终极委员会评委由 101 位普通观众组成，所以在投票时基本不会出现平票的现象，就算出现我们也将重新投票。”不料，最佳女配角现场投票结果显示，凭《建国大业》入围的许晴与凭《惊天动地》入围的王嘉同票，组委会并没有及时处理，而获奖人也接受了奖杯，并发表了获奖感言。在人们猜测会不会进行重新投票时，组委会终于选择食言，称：“在征求公证处意见后，尊重 101 位大众评委的投票结果，本届金鸡百花奖破例下双黄蛋。”

虽然江阴连续八年蝉联全国百强县第一名，但毕竟只是个县，电影氛围的积累有限，而且没有机场，参会者都只能先飞上海或无锡，然后转车，所以很多明星和剧组都觉得不太方便。

【案例解读】

金鸡百花电影节为何如此尴尬，大家也很少关注呢？无论是投票观众的数量，还是圈内人的关注度，都已经降到历史低点。明星们也越来越不把“金鸡百花”当回事了。这说明了什么呢？是我们的电影市场疲软了，还是观众没有兴趣了？

这个电影节应该是让普通百姓乐于称道的，应当是百花齐放，百家争鸣，走进千家万户的电影节。可事实上“金鸡百花”已经离老百姓太远，这不是老百姓一方面的原因，电影制作者没有把握好电影市场和老百姓的需求，也是造成金鸡百花奖遇到尴尬的原因。

自金鸡百花电影节合并以来已经有些年头了。这个电影节渐渐变得没有生气，也没有激情，让人感到它已经垂垂老矣。除了错综复杂的中国电影机制外，金鸡百花电影节的衰落显然还有更多的东西值得琢磨。与电影评奖和颁奖过程的冷清、索然寡味相对，越来越火热的却是电影之外的东西。曾经风靡一时的中国电影金鸡百花奖现已风光不再，这只“金鸡”的遭遇仿佛是中国电影现状的写照：它被许多只手牵来扯去，或者是借鸡生蛋，或者是杀鸡取卵，最终，“食之无味，弃之可惜”。近年，金鸡百花电影节的公信力逐渐下降，目前已经降到历史最低，若不痛定思痛做出改变，恐多年之后将无人问津。

思考题

1.《达·芬奇密码》的成功得益于哪些经营管理？

2.金鸡百花电影节为什么会沦落到如此尴尬的地步？与其经营有什么联系？

3.如何看待经营管理在影视文化产业中发挥的作用？

第三章 新闻传媒类经营管理经典案例解读

■ **本章提示**

新闻传媒的角色非常特殊，不仅仅是传媒产业本身如何和谐发展的问题，更重要的是新闻传媒是构建和谐社会的宣传者，在和谐社会的建设中发挥着举足轻重的作用。新闻传媒类的经营管理，对整个社会的传媒文化、社会文化的发展都起到了积极的促进作用。在信息化、网络化的今天，任何行业的发展都离不开传媒。良好的经营管理会推进一家媒体快速发展，相反，不科学的经营管理必然会影响一个传媒的发展，甚至毁坏其在行业中的形象。

第一节 报纸类案例及解读

一、概述

近年来，各大报刊积极推进体制改革和机制创新，加强经营管理，突破了发展瓶颈，壮大了实力，焕发了生机与活力，涌现了一批具有较强竞争力与品牌影响力的报刊传媒企业。这些报刊科学的经营管理为报刊体制改革积累了新经验，探索了新路径。本节遴选部分报刊的成功案例，力图为报刊改革、创新和经营管理提供一些借鉴。

二、《环球时报》英文版：让中国走向世界，让世界了解中国

《环球时报》创刊于 1993 年 1 月 3 日，是由人民日报社主办的一份时事新闻媒体，在世界 90 个国家和地区驻有 350 多位特派、特约记者，单期的发行量超过 240 万份。《环球时报》刊发的文章曾受到党和国家领导人的高度重视，也被国内外媒体广泛关注。此外，《环球时报》也是被海外媒体转载最多的中国媒体之一，所刊文章经常被美联社、路透社、法新社编发通稿。美国《洛杉矶时报》、《华盛顿邮报》，英国《金融时报》，加拿大《渥太华公民报》、《环球邮报》，韩国《东亚日报》，日本《朝日新闻》，《朝鲜日报》，澳大利亚《澳大利亚人报》等世界知名报纸也纷纷转载《环球时报》的文章。

2009 年 4 月 20 日，《环球时报》英文版（*Global Times*）创刊，英文环球网同时开通。这也是继 1981 年 *China Daily* 诞生后中国第二份面向全国发行的英语综合性报纸，为中国人向世界表达自己和世界了解中国增添了一个新的媒介。《环球时报》英文版不是简单的中文版翻译，而是一份完整的、有独立采编队伍的英文报纸。英文版与中文版在总体上的风格保持一致，向世界展示多姿、多彩、进步的中国，以及以中国人的视角报道世界，传递中国民众在重大国际问题上的立场和看法。两者共享一个报名和报纸品牌（不同的仅是语言的差异），从而形成了国内“一报两刊”的新发展模式。

传统的媒体经验认为，做媒体最重要的有三个方面：第一，要有充分的资金；第二，需要有一支很强的采编团队；第三，要有很先进的市场意识。我们可以看到，雄厚的资金是招揽精英人才的先决条件，如果没有资金作为保障，高质量的采编团队和先进的市场意识也就变成了纸上谈兵。

今天，在传媒市场化运作的大环境下，媒体走的通常是一个“由小及大”、积累实力的发展道路。*Global Times* 在创刊之前就显示出强大的资本实力，招揽到了优秀的人才，这与它的“血缘”是分不开的：英文版的起源——有将近 20 年历史的中文版《环球时报》，是中国最权威的国际新闻报纸之一；借助于报纸的成功，旗下还开通了环球网和环球时报手机报。这些都为 *Global Times* 创造了

得天独厚的经济基础和发展环境。相比一些白手起家的报纸，*Global Times* 可谓是站在巨人的肩膀上。而未来的新闻传媒市场竞争已经不仅仅是时效之争、内容之争，更是品牌之争。著名品牌能提升报业传媒应对外来对手的竞争力。

像西方的 *News Week*（《新闻周刊》）、*National Geographic*（《国家地理》）等刊物都已经实行了双语甚至多语种发行。目前，我国的国际出版物比较典型的是独立的英文报，如 *China Daily*。从严格意义上来讲，国内还没有一份同刊不同语言的大众出版物。而《环球时报》借助于中文版资源和品牌影响力推出的同名英文版不仅丰富了中国传媒开拓国际市场的手段和模式，更提高了中国媒介经营管理的水平。

Global Times 借助于中文版《环球时报》的影响力，使得其扩大销售所涉及的边际成本比较低，在发行扩张时发行商可以从规模经济中获利。虽然使用的是两种语言，但中、英文版的《环球时报》在版面设计、编辑风格和报道方针上，都实现了一脉相承，除语言外并未体现出很大的差异性。这些都在读者心中形成了“同份报纸、两个版本”的印象，从而使英文版能最大限度地利用中文版长期以来所积淀的品牌影响力，加速其发展的步伐。

《环球时报》中文版的日常版面设置为：头版、新闻背景、环球扫描、关注中国、深度报道·记者调查、军事、异国风情、台湾传真、国际论坛、娱乐与体育、漫画与文摘、环球财经、要闻等。而英文的 *Global Times* 则拥有 Top News（头版）、World（国际新闻）、Nation（国内新闻）、China Mosaic（漫话中国）、Opinion（观点）、Forum（论坛）、ViewPoint（视角）、Chinese Press（中国报道）、In－depth（深度报道）、Life & Art（生活与文化）、Business China（中国经济）、Sports（体育新闻）等版面。

20 世纪以来的整个国际传媒界，无论是历史悠久的报纸杂志，还是作为后起之秀的广播电视，无一不朝着专业性、趣味性的方向发展。而 *Global Times* 作为传统媒体的后起之秀，其管理及定位也正朝着这个大方向努力。

在联动市场竞争战略方面，*Global Times* 不是中文版的汉译英，它拥有自己独立的新闻内容和采编团队，从而避免了中、英文版之间可能产生的冲突和内部市场竞争。另外，两者之间既保持相对独立又相互联系：同一期的中、英文报纸都分别刊有英汉、汉英互译的“双语新闻”，这不仅便于读者学习语言，还有利于促进中、英文版报纸整体的销售量，增强整体竞争力。

在广告及销售运营分析方面，与中文版铺天盖地的广告相比，英文版在广告经营方面并不尽如人意，所刊登的广告寥寥无几。据调查，*Global Times* 作为后来者，在英文报纸的竞争中，其销售情况并不是很理想。因此，广告少也是情有可原的。

【案例解读】

从上述案例可以看出，将其经营的文化理念与具体的商业操作实践“恰到好处”地结合是 *Global Times* 的成功之处。具体说来，除了在内容制作方面独具特色、相对领先之外，它的成功在某种程度上更多地源于其在文化营销的反向竞争战略中的竞争思想。

当大多数竞争者都在走多种类资讯综合报道战略路线的时候，*Global Times* 只走自己的路线，只报道全世界最具影响力的新闻事件。当别的报纸都在靠卖广告赚钱的时候，*Global Times* 做到了靠卖资讯赚钱。

《环球时报》是一份已有口碑的品牌报纸，其英文版在延续其传统品牌强势的同时也迎来了自己的发展机遇。英文版的创刊无疑为《环球时报》提出了更高的要求，它在发展之路上必会面临作为英文报纸所特有的挑战和难度。

正是 *Global Times* 在对事件的报道上不拘一格，内容通俗易懂，趣味性强，并坚持以“中国人对世界的看法”为视角进行报道，文章才更具“中国口味”。加之其在文化经营上采取了非寻常的反向竞争战略，*Global Times* 才能深受广大读者的欢迎。

三、《泰晤士报》：力求改变，保留传统

《泰晤士报》的英文名称为 *The Times*，是英国的一份综合性全国发行的日报，是一份对全世界政治、经济、文化发挥着巨大影响的报纸。《泰晤士报》中文

直译过来应该是《时报》,但是它的译名却变成与其读音相近,但意思却毫无关联的“泰晤士河”(River Thames),并一直沿用至今。现今世界各地有许多名为 Times 的报章,如《纽约时报》(*The New York Times*)等。为了区分出来,《泰晤士报》有时被称为《伦敦时报》(*The London Times*)。《泰晤士报》也是世界上第一份以“Times”命名的报纸。

1785 年元旦,约翰·沃尔特创立了《泰晤士报》。起初,报纸的名字并不叫《泰晤士报》,而是叫作《每日环球记录报》(*The Daily Universal Register*),也译为《世鉴日报》。直至 1788 年 1 月 1 日,改名为《泰晤士报》。作为创始人的约翰·沃尔特同时也是《泰晤士报》的第一位总编。在约翰·沃尔特执掌报社时期,《泰晤士报》最先将新闻视角延伸至英国之外的其他欧洲国家,尤其是法国。这为《泰晤士报》在政界和金融界内赢得了很高的声誉。

作为一份综合性日报,《泰晤士报》关注的领域包括政治、科学、文学、艺术等,并几乎在每个领域都赢得了良好的口碑。1803 年,沃尔特的儿子——小沃尔特接手《泰晤士报》,进一步扩大了该报的报道面,把《泰晤士报》推上了它历史发展的第一次巅峰。在这一时期,小沃尔特对《泰晤士报》进行了全面的改革:在经营方面,《泰晤士报》切断了与政府的联系,依靠广告和发行收入而充分自立;在报道方面,它大量刊登国内外要闻,派遣干练的记者奔赴国内外热点地区采访,获得了许多独家新闻;在言论方面,它通过遍布全国的记者网了解各基层的情绪和意见,并将其作为评论依据,逐步成为舆论界的重要力量;在技术方面,它率先采用蒸汽印刷机、轮转印刷机,提高了印刷质量和速度。经过这些改革,《泰晤士报》成为当时英国首屈一指的大报。到 1847 年,《泰晤士报》的发行量已达 3 万多份,竟然超过了伦敦其他大报发行量的总和。

1932 年,《泰晤士报》创造了“Times New Roman”字体,并使之成为世界上通用的西文字体之一;19 世纪 60 年代,它一改以往运用马车运送的派送方式,首次采用了火车运输;2002 年,《泰晤士报》依然走在数字传媒时代的前列,成为第三家利用网站向读者提供收费服务的报纸。可以说,正是在印刷、发行等文化经营上的不断创新,才使《泰晤士报》在历史的风雨中不断前行。

1981 年,新闻集团的鲁伯特·默多克以 1200 万英镑收购了《泰晤士报》。

收购后，默多克立即撤换了原来的总编辑威廉·李斯·摩格，并委任哈罗德·埃文斯担任新总编。埃文斯对《泰晤士报》做了较大规模的改革，主要包括对新的采访和传播技术的采用以及对更加高效的管理系统的引入。1982年，《泰晤士报》开始采用电脑排版和激光照排印刷技术。

在编辑方面，《泰晤士报》力求新颖，着力寻找严肃性和趣味性之间的平衡，较多地采用彩色报纸和大幅彩色照片，使总体风格更加人性化。另外，该报还扩大了报道范围，在保持言论、头版头条、独家新闻这些传统优势的基础上和把握质量、准确性等的前提下，还增加了社会新闻、体育、音乐和文学等内容，让其更加适应大众的口味，其目的在于不断适应青少年读者阅读习惯的变化，以期吸引更多的年轻读者。

在被传媒大王默多克控股后，如今的《泰晤士报》在报纸管理、市场营销等方面，有很多默多克传媒经营手法的痕迹，但是近年来《泰晤士报》的调整与变化更多地体现在竞争手段上，而报纸的传统风格则变化不大，政治性报道的数量并未减少。报纸在文化理念上力求突破立意，不断将品牌经营走向现代化。与此同时，《泰晤士报》还强调其中立的立场，认为报纸的责任是记录一切。在报道上《泰晤士报》注重将信息加以提炼、选择和解释，做到真正以事实为依据。它们只提供新闻、分析新闻，但不进行抨击，持中立立场，不仅注意对新闻背景和内容进行分析，同时还关注事件发生后的影响，并进行评论。另外报纸非常重视读者的感受，常常组织一些问卷调查，倾听读者的想法，这对报纸的质量和发展都有很大的帮助和推动作用。

除了在内容改革上下大力气外，《泰晤士报》还注重市场推广，将默多克传媒经营手法纳入其中。如重视报纸的公关活动，投入大笔资金，以各种各样的方式宣传报纸品牌，赞助社会公益活动等。除此之外，《泰晤士报》还采取收集报花的方式来促销，奖励读报。

【案例解读】

从这个案例中我们可以得出这样的结论，《泰晤士报》的成功是持续的、发展的，正是因为在文化观念、内容改革、品牌经营上的多项突破，以及在创新上的不断延续才有了今天的《泰晤士报》。

单单就品牌形象而言，现代的《泰晤士报》并不亚于两个世纪以前。因为在不断地求变、创新、发展的过程中，《泰晤士报》始终坚持品牌是第一位的，是最重要的环节。为了在品牌上再攀新的高峰，《泰晤士报》经过默多克家族和高管人员、主编的共同努力，不断提高记者和工作人员的素质，才形成了其“报道中立，力求文风通俗易懂”、“敦本务实，雅俗共赏”的品牌风格，本着记录一切的初衷，打造成如今的品牌。

在经营策略中，《泰晤士报》并没有故步自封、止步不前，而是随着文化潮流和市场的变化而改变，手段多种多样，取得了良好的效果，在维护品牌的同时还实现了市场的获利。可以说，今天的《泰晤士报》可视为文化市场化的一个积极体现。

纵览《泰晤士报》的成长，我们不难发现，要做好传媒行业，最重要的是树立一个良好品牌，一个良好的品牌关系着这个产业的生命。同时也要不断创新，在保持原有的优秀特质的同时，也要力求有所突破和创新。

第二节　期刊杂志类案例及解读

一、概述

杂志本身是一个媒介，它通常的功能是为别的产品提供一个平台，从而实现自我的存在。它属于一个中间渠道产品，依附在其他消费品上面去建立市场空间。所以杂志不仅是众多公众消费品食物链中的一个环节，而且是其销售链中的必需品。媒介本身生产的是信息，而信息的价值是靠其他的附带价值产生的，比如说广告的产生。杂志传达的内容细分，可分为信息类、思想类或者两者相结合的产物。按行业和年龄划分可以细得多，如家庭服务类、都市类、财经类、运动类、音乐类、妇女类、男人类、青少年类、车类、婚礼类、野营类、宠物类等。不同标准的细分适应不同的市场。本小节就国内外知名的期刊杂志为例，进行深入解读。

二、《福布斯》：独具匠心的论坛与排行榜

20 世纪初，苏格兰记者 B. C. 福布斯怀揣着自己的梦想和追求来到了纽约，试图在这个生机勃勃的城市闯出一片自己的天空。他凭着过人的勤奋和智慧，不久就成为全美大名鼎鼎的财经记者。

但是，福布斯的理想还不仅于此。1917 年，37 岁的福布斯独立创办了美国第一本纯粹报道商业新闻的杂志——《福布斯》。他没有盲从于当时的潮流，使用的报道方式和那个时代截然不同。他并不赞同当时盛行的堆砌枯燥的商业数据的方法，而是坚持关注掌控企业的领导者们。到 1972 年，《福布斯》的发行量高达 62.5 万份，首次超过著名的《财富》杂志。1973 年，福布斯创造了热气球横跨美国的纪录，让那些对商业新闻不感兴趣的人也记住了“福布斯”这个名字。

20 世纪 80 年代，《福布斯》推出了“福布斯 400 富豪排行榜”，并获得了空前的成功。80 年代是美国商业野心勃勃的浮华时代，商业精英们爱通过标榜暴利和哗众取宠来肯定自己的成功，“福布斯 400 富豪排行榜”恰逢其时。

自创刊以来，《福布斯》杂志一直以“关注实践和实践者”为口号，倡导企业家精神和创新意识。正是由于其明确的定位和独特的深度报道，《福布斯》才成为今天美国主要商业杂志中唯一保持销量 10 年连续增长的刊物，其受众群在商业杂志中占据魁首，2003 年更是达到 500 万。

《福布斯》排行榜在美国具有相当不错的口碑，要想进入排行榜首先要具有一定的资本。在美国，信息相对来讲比较透明，所以，排行榜的数据是比较准确的。另外，美国人对于数字的准确性也并不十分苛求，因为排行榜本身就具有一定的游戏性质，而在中国来讲则要相对严肃一些。在国内，《福布斯》排行榜使人们认识到越来越多民营企业崛起的事实，同时也促进了社会观念的转化，对财富本身、财富的积累过程，以及财富的拥有者也有了较为理性的理解和认识，这是《福布斯》排行榜所带来的积极意义。

《福布斯》与《财富》、《商业周刊》和《经济学人》齐名，乃财经界四大杂志之

一，影响范围遍及全球，杂志内推选的排行榜更成为经济潮流指标。随着中国在全球经济地位中的不断上升，《福布斯》对中国的关注也随之加强。2009 年 4 月起，福布斯授权复星传媒许可出版中文版。《福尔斯》中文版秉承母刊倡导创业精神的一贯宗旨，为中国追求创业价值观和自由企业精神的高层企业决策者打造创富工具。

1.《福布斯》具有前瞻性强、观点个性鲜明、内容简明扼要等特点

(1)高度前瞻，不拘一格的编辑特色

《福布斯》杂志的前瞻性报道为企业高层决策者引导投资方向、提供商业机会，被誉为“美国经济的晴雨表”。作为一本财经杂志，《福布斯》无论是排行榜还是论坛，都以一个主题为中心——财富。围绕财富所展开的报道，《福布斯》独树一帜，有着与众不同的理解与见解：“商业的目的是创造幸福，而不仅仅是财富的堆积。”它倡导追求个人创业、个人利润的财富主张，鼓励开拓进取、冒险的创业精神。这些都与福布斯家族永不妥协的成长经历完美契合，同时也是《福布斯》有别于其他财经媒体的办刊理念，声誉蜚声全球的原因。

(2)个性鲜明的办刊风格与定位

在财经报道上，《福布斯》从不同的角度出发，每一方面都有着卓尔不群的个性，独享属于自己的读者群体。它推崇精英群体的影响力，大量地介绍知名企业及企业家的生财、成功之道。虽然在这些文章中总是充满了统计数字，但是主题都聚焦于人。例如，“封面故事”中很多文章以人物的经济活动为主，而“公司、人物、观点”和“创业者”栏目则包含了人物专访、创业经验等方面的文章。

(3)独树一帜的特色主打产品——排行榜

排行榜是杂志内容的重要组成部分，也是《福布斯》的特色之一，从某种程度上来说，其影响力甚至超过了杂志本身的影响。近些年来，《福布斯》不断进步，不断发展壮大，已经衍生出“全球富豪排行榜”、“全球名人榜”、“全球最有影响力的女性排行榜”、“中国内地富豪排行榜”及“中国大陆最佳商业城市排行榜”等闻名世界的排行榜。这些排行榜都流淌着“福布斯”的血液：全方位、多角度地搜集资料，在尽可能准确、翔实、规范的基础上，进行科学的计算和分析，得

出严谨而有说服力、公信力的结论。这种办杂志的态度本身也是《福布斯》得到相当的口碑和认可度的原因。

(4)新颖、大胆的广告战略

20世纪40年代,《福布斯》首次运用留白广告的发布理念,其发布效果一鸣惊人,得到了客户、业内与社会的广泛认可,并延续至今。在商业气息浓厚的现代社会,面对市场上激烈而又残酷的竞争,《福布斯》走起了广告经营路线。封底及封二、封三乃是广告页面的主题,它们多为整版广告,偶尔也穿插折页广告。三页以上的多页广告也占一定比例,多为软广告。同时,杂志每期都有几张读者回执卡或杂志订阅优惠卡,注重与读者的互动。《福布斯》的这些策略取得了很好的效果,也为其进一步发展奠定了坚实的基础。

2.风格突出,与众不同的文化营销特色

(1)细分品牌——排行榜与论坛

排行榜与论坛是《福布斯》发展到一定程度的产物,也是其营销的手段与特色之一。它们揭开了权力和金钱神秘的面纱,使其一览无余地展现在人们面前,制造排行热点,吸引大众眼球,引起广泛议论。《福布斯》能够成功进军中国,其发布的"中国内地富豪排行榜"功不可没,榜单一公布,各大媒体争相进行全方位的报道,排行榜上的人物也成为热议的主题,"福布斯"三个字也被媒体频繁提及,知名度大幅攀升。

(2)成功典范的营销宣传

第一,广告宣传是《福布斯》营销宣传的重要手段。马尔康姆·福布斯信奉广告词应该做到语不惊人死不休。从1965年起,《福布斯》就在《纽约时报》等媒体上进行了一系列的广告宣传,如"福布斯,资本家的利器！刊登广告的最佳选择,每年有40万读者订阅《福布斯》学做生意"。1966年,《福布斯》赢得了27项广告大奖,从此出现沿用至今的经典广告语——"福布斯,资本家的利器!"这也成为《福布斯》追求的目标和自我标榜的特色。1967年,《福布斯》杂志50周年庆时,马尔康姆·福布斯遍请名流,将《福布斯》资本主义代言人的模样展现得淋漓尽致。

第二,《福布斯》第二代领导者马孔·福布斯的个人营销技巧也是杂志成功的一大因素。马孔·福布斯以奢华手段推销杂志。他购买法国古堡，花销 200 万美元举办晚会，不断制造被关注的焦点，为杂志招徕更多的广告客户。他乘坐的游艇、热气球、哈雷摩托车和私人飞机上，全部打着“福布斯，资本家的利器!”的标语，成为《福布斯》的宣传工具，也推动着《福布斯》进入了发展的巅峰时期。

【案例解读】

在近百年的历程中，《福布斯》在商业领域不断地探索、追求，逐步树立了自己独特的风格，并一步一步发展壮大为一家声名显赫的国际主流财经媒体集团，尤其是旗下的“富豪排行榜”每年都能吸引全球的目光。福布斯家族三代创造了靠一份杂志打天下的奇迹，福布斯集团的总资产也超过了 10 亿美元。全球各界名流也以上《福布斯》排行榜为荣。排行榜上的名单每年都会更新，也从侧面反映了产业的变迁和个人的兴衰起伏。从某种程度上来讲，《福布斯》可以说是世界经济的一个缩影。

在经济文明高度发展的现代社会，《福布斯》可以说是商业与文化产业结合的成功典范，它不仅仅在美国引人注目，而且在世界范围里也闻名遐迩、呼风唤雨。之所以如此，不仅仅是因为刊物内容的独特，更因为其别具一格的营销方式。

在内容的编排上，《福布斯》以刊登对公司和公司经营者的评论性文章为主体，内容均为原创，且言简意赅。杂志内容着重于描写企业精英的思维方式，秉承“以人为本”的理念，倡导“企业家精神”；不停留在新闻事实的报道上，而是着力于洞悉新闻背景、把握动态信息和行业趋势，深入探讨和研究企业运作的经济环境。

在文化营销上，《福布斯》也堪称典范。处于顶尖财经媒体王国的美国，《福布斯》对于商业价值和办刊定位有着全新的、准确的洞察力，同时又能依据自身情况定位于不同角度，风格突出，个性鲜明，成为众多财经杂志中的一大亮点。《福布斯》在编辑和营销特色方面均值得我们国内财经杂志借鉴和学习。

三、时尚《瑞丽》,《瑞丽》时尚

《瑞丽》杂志由中国轻工业出版社主办,以平面期刊出版为主,同时大力发展新媒体、图书、无线移动等多种媒体的出版运营,以及广告、发行、活动推广、模特经纪、电子商务等多项业务。瑞丽已经成为中国极具影响力的时尚媒体集团。

"瑞丽"品牌在坚守"实用的时尚"特色的同时,用国际化的品位引领潮流趋势,旗下拥有《瑞丽服饰美容》、《瑞丽伊人风尚》、《瑞丽时尚先锋》、《瑞丽家居设计》等系列知名刊物,同时以"媒体整合,品牌延伸"为发展战略,成功实践了平面媒体、电子新媒体的互动整合。

2009年3月,瑞丽传媒集团正式推出高端实用型男性时尚杂志《男人风尚》,标志着瑞丽传媒集团的期刊出版业务又迈出了坚实的一步,这将大大巩固瑞丽在中国时尚期刊业的优势地位。

《瑞丽》是中国轻工业出版社下属的刊物,前身是《中国编织》。无论是从出身背景,还是从历史渊源来看,服装都是这本杂志永恒的主题。1995年9月,风格独特的女性时尚刊物《瑞丽服饰美容》诞生了。当时尚的生活方式在中国还没有成熟,有些爱美的女性为了美丽的衣着装束常常需要自己动手。随着物质生活的丰富,女性们关心的问题不再是有没有漂亮的衣服,而是有没有完美的服饰搭配。"瑞丽"品牌的经营者准确地把握了时代发展的趋势,逐渐将杂志内容的侧重点转移到服饰搭配上去。

1.细分市场,抓住每一个读者

1999年,瑞丽杂志集团提出了"设计美丽,设计生活,伴随女性生命的每一个阶段"这样一个总的品牌定位方针,率先在中国期刊界明确提出了按年龄和读者状态细分目标读者的期刊定位原则。在这一方针的指导下,为处于不同年龄和生活状态的女性量身打造了四本不同风格的贴心读物。

《瑞丽服饰美容》面向都市中间阶层,年龄在18～35岁的年轻女性,全方位、多风格、大信息量地介绍服饰潮流,堪称服饰美容大厦,是都市上班女性和高校女大学生的美丽魔法书,为她们提供最具影响力的时尚潮流资讯。

《瑞丽伊人风尚》面向25～35岁、收入较高的白领女性阶层,立足于打开亚洲女性的国际视野,关注优雅、平和、愉悦、正在向管理层与中高层发展的白领女性,帮助女性追求身心和谐的生活方式和鲜活的消费文化。

《瑞丽时尚先锋》针对18～25岁的女大学生,乐于追求前沿时尚和个性品位的新潮群体善于追求不一样的时尚风格和激情生活,她们信奉自我提升、自我褒奖、自我实现,热衷于尝试新鲜事物。

《瑞丽家居设计》定位于倡导优雅生活品位,传播卓越家居理念,主张家居的人文关怀,全方位提供家居实用方案,帮助都市高、中收入阶层实现高品质居家生活,是《瑞丽》"实用的时尚"向生活其他层面的延展。四本定位明确的杂志几乎涵盖了各个年龄层次和都市中拥有较高生活品质的所有人群,使《瑞丽》在为小众服务的同时也拥有了更广大的受众群。

2. 抓住要点,准确定位

一个杂志品牌能否成功,定位准确是必不可少的。杂志界普遍认为,定位准确就成功了一半,否则,杂志便会越做越难。

《瑞丽》杂志创刊初期定位比较模糊、粗糙,但随着时间的推移、期刊的发展,《瑞丽》的定位在不断地细化、明确。杂志集团在对系列刊定位的不断研究中也旗帜鲜明地发展、完善了"瑞丽"品牌的核心价值,即"实用的时尚"或称作"时尚实用化"。

3. 基于平面媒体的跨媒体转型

根据前面这些,我们不难看出内容的多次利用是《瑞丽》平面媒体与新媒体互动的最基本形式。《瑞丽》通过对平面内容的借鉴使用和创意再加工,实现了内容资源价值的最大化。同时还衍生出一系列新媒体新产品,为"瑞丽"品牌打造了新的传播平台。这不仅开发了新的传播渠道,而且还扩大了《瑞丽》的影响力。在做大做强期刊主业的同时,瑞丽还依托互联网和无线新技术应用,由平面媒体向网络、无线移动、金融等领域稳步迈进,将资讯服务与互动功能完美结合,充分整合"瑞丽"品牌丰富强大的内容资源以及多种媒体互动传播的优势,为广泛的都市时尚女性群体提供形式多样、不受时空限制、互动参与性强、以实用为特色的数字化增值服务。这种基于对平面媒体和新媒体深刻的认识和挖掘，使《瑞丽》在实践中完成了独具特色的跨媒体转型。

【案例解读】

《瑞丽》将国际时装、家居生活美化引入中国，迎合了中国大、中城市年轻女性生活、成长过程中的需求。并且，《瑞丽》以其不可动摇的领先优势始终保持着国内时尚类杂志的领先地位，为爱美的女性们在都市生活中指点江山，做她们时装、时尚、购物、家居生活的亲密战友，《瑞丽》无愧于“杂志营销”的楷模。

第三节　广播电视类案例及解读

一、概述

作为特殊产业的广播电视媒介，如何在复杂多变、竞争激烈的环境中，既能实现自身的宣传和教化功能，取得良好的社会效益，又能快速壮大自身的经济实力，在市场竞争中实现丰厚的经济效益，对媒介研究者和从业人员来讲，是一个需要面对的课题。此外，还应该看到，在全球化的背景下，国家利益、媒介利益与公共利益之间的关系变得更加复杂，对媒介经营管理者的平衡能力也提出了更高的要求。本节就广播电视类经营与管理方面的案例进行了解读。

二、CCTV：在前行中不断改革的中国电视航母

CCTV是中国中央电视台(China Central Television)的英文缩写，是中华人民共和国国家电视台，在1958年5月1日试播，于同年9月2日正式播出。初名北京电视台，1978年5月1日更名为中央电视台。中央电视台是中国重要的新闻舆论机构，是党、政府和人民的重要喉舌，是中国重要的思想文化阵地，是当今中国最具竞争力的主流媒体之一，具有传播新闻、社会教育、文化娱乐、

信息服务等多种功能,是全国公众获取信息的主要渠道,也是中国了解世界、世界了解中国的重要窗口,在国际上具有重要的影响。

CCTV的内容几乎涵盖了社会生活的各个领域。全台栏目总数有400余个,日播出量达270小时,其中自制节目量约占总播出量的75.31%,使用中、英、法、西班牙、阿拉伯、俄六种语言和粤语、闽南话等方言向国内外播出。全国人口覆盖率达90%,观众人数超过11亿。中文国际频道、英语新闻频道通过卫星传送覆盖全球,西班牙语国际频道、法语国际频道、阿拉伯语国际频道也已覆盖欧洲、南美、中东、北非等众多国家和地区。

作为中国唯一的国家电视台,中央电视台具有其他电视媒体所没有的政策优势及资源优势。但随着改革开放的不断深入,中央电视台也面临着国内外众多媒体的挑战,电视台的市场化改革也逐步深化。面对竞争,CCTV作出了回应。

第一,依靠创新不断进行改革,打破常规、突破电视行业发展中的瓶颈。

最典型的代表就是在电视改版中涌现出的许多创新。以中央电视台的“王牌”——第一套节目为例,在认识到“对于电视频道的收视率来说,频道‘结构’比‘内容’更具有决定性的影响”后,为提高节目收视率,第一频道以“频道专业化、栏目个性化、节目精品化”为依托,从2003年开始,进行了两轮改版。频道内容改版后分为四个板块:早间板块、中午板块、下午板块以及晚间板块,形成了“三类大众节目的集成平台:大新闻板块(东方时空、新闻联播、焦点访谈)、电视剧板块(黄金时段2集电视剧)、新闻和综艺栏目带(7档精品栏目)、新闻板块(晚间新闻报道)、电视剧板块(2集《星夜剧场》)”,延长黄金时间的同时,也有效地提高了收视率与广告收入。这对于一个大国的国家电视台而言,不失为一次巨大的创新。

在频道建设方面,中央电视台在1999年开办了电视剧频道;在2000年开办了英语国际频道(现已变更为英语新闻频道);在2001年开办了科教频道、戏曲频道;在2002年开办了西部频道(已停播);在2003年开办了新闻频道、少儿频道;在2004年开办了音乐频道、西班牙语法语频道(现已分为两个频道)、社会与法频道等。与此同时,CCTV整合频道资源,突出专业频道特色,调整频道结构，各套节目不断完善改版，加强统一的包装与编排，业已形成包括以第一套节目为龙头的综合频道，门类日趋齐全、特色日益彰显的专业频道在内的相互支持、互为补充的覆盖国内国际的频道格局。

在栏目建设方面，中央电视台在坚持正确的舆论导向和品位、格调的基础上，以更好地服务对象群体为目标，鼓励创新，注重营造自身风格，提高栏目品质。同时还在全台建立了以收视率、收视份额为基础的，科学量化的测评体系和节目综合评价体系，实施严格的栏目末位淘汰制和栏目管理公开制度。全台目前正在播出的栏目包括许多为观众所喜闻乐见、耳熟能详的、制作精良的名牌栏目，并保持较强的创新能力，引领全国电视节目制作的潮流。

在节目创作方面，中央电视台高度重视节目质量，鼓励多出精品，先后推出过一大批具有较强思想性和艺术性，并深受观众喜爱的优秀节目，不仅成了观众的收视热点，而且在社会各界产生了广泛影响。例如，《春节联欢晚会》、多种类型的电视大赛等许多固定制作播出的节目已经成为央视的著名品牌。不同题材、弘扬民族精神和时代主旋律的电视剧作品深受观众好评。中央电视台每年均有多个节目荣获来自国内、国际评选的重要奖项。

第二，胆识过人的广告经营改革。

2005年的中央电视台广告招标会向人们传达了一个强烈的信号：中央电视台对广告经营进行了大胆的改革。与以往的招标会有很大的不同，这次招标会的主题是："以市场为导向，以客户为中心，限量增值，丰富标底物规格，凸现招标附加值，为中标客户创造更大的投标价值和增值回报。"

除调整内部机构设置外，中央电视台广告部还做出了重大的转变，在广告产品上增设了10秒与30秒的产品。除此之外，中央电视台还对除电视剧招标项目外的其他标的物采取"3＋X"的套售方案。其中"3"是指在CCTV－1、CCTV－3和CCTV新闻频道的晚间各安排一段固定时段的特定套售广告资源，对应用于某一标的物的套售额度内；"X"是指其他套售资源，供中标的客户在应该享受的剩余额度内自由选择。改革的结果令人振奋，第十一届中央电视台黄金段位的广告招标会的"招标总额达到52.48亿元，中标总额同比增长27.47％"。

【案例解读】

在全球化背景下媒介的生存空间及角色都发生了转变。一方面，在一定程度上，媒体加速了经济全球化的历程；另一方面，新闻媒体也将自己卷入了全球化的市场竞争。各国需要在世界经济联系和发展的基础上来规划本国媒介产品的生产和销售，世界媒体网的发展和世界新闻的迅速传播是推进全球化进程中极其重要的力量。

当前世界媒介业呈现融合、扩张、网络化、市场进一步细分的态势，还呈现出两个主要发展趋向。一是西方传媒跨国集团在全球范围内的空前扩张。以美国为主导的西方传媒业凭借其强势资本和高科技手段，全力向各地扩张。这些传媒巨头凭借卫星信号的广阔覆盖，夹带着跨国资源庞大的跨国商品广告，向各个地方输送着充满西方价值观念与文化品涵的电视节目。二是电视地区性、区域性的概念也在逐步形成。

CCTV面临着内外夹击的窘境，具体体现为：

1. 来自境外媒体的威胁。目前在中国上空约有46颗境外卫星，300套左右境外电视节目的覆盖，对CCTV形成了越来越大的威胁。

2. 国内媒体的压力。湖南卫视以娱乐立台；海南卫视转向旅游专业台；安徽卫视打出电视剧牌；浙江广州两大卫视走联合之路，锁定娱乐+财富的定位；上海东方卫视打着“激荡传媒风云，改变电视格局”的口号卷土重来，发起了一场由地方向中央台老大地位挑战的冲击波。

在新闻改革的又一轮浪潮中，电视界的新举措让人目不暇接，尤其是中央电视台部分节目的改版及新闻频道、少儿频道、音乐频道的接连推出，让业内人士和广大观众颇为关注。然而，在这些改革中，“市场”牢牢掌握了指挥棒，“文化”——这一带有社会责任标签的指标却有被冷落弃置的趋向，而充当“市场”角色的，则主要是以“收视率”为代表的量化数据。随着各种电视传媒激烈竞争的白热化，一种声音在不断地被强化：收视率就是电视改革的风向标，唯收视率马首是瞻、不容置疑。在回顾中国电视近十年的发展历程时,我们发现,收视率成为调控频道和栏目编辑的指挥棒,成为一个挥之不去的既定标准。

从上面的案例分析后我们可以得出,中央电视台进行了有步骤的改革和创新,真正取得了社会效益和经济效益的双丰收。这一系列的改革并不仅仅是针对电视节目,而是电视节目与广告并道而行,以电视节目的收视率拉动广告的增值,从而实现了收视率与收入一并提高的双赢。由此可知,电视媒体收视率之间的竞争必将是未来各电视台竞技过程中的重中之重。

第四节　网络传媒类案例及解读

一、概述

20世纪90年代以来Internet呈指数性发展,每年都有数百万个新的站点加入。现在连入国际互联网的国家已经近200个,与之相连的网站也由最初的几千个增加到近亿个。网络呈现出摧枯拉朽的发展速度。每一个想在未来世界中站稳脚跟的国家和集体无不重视网络的建设与利用。本节借助于YouTube和电讯盈科的案例来解读网络传媒的经营管理。

二、网络视频霸主:YouTube

2005年,全球网络视频产业迅猛发展。不仅传统门户网站涉足网络视频服务,甚至一些传统的像迪斯尼之类的媒体公司也纷纷开始投资网络视频产业。网络视频化将成为互联网的第二次革命,而播客则成为这一革命的代表,是目前最热门的网络媒体之一。而在众多的视频网站中,2005年2月创建的YouTube无疑是最引人注目的。

到2006年6月,YouTube网站市场价值已超过10亿美元,居全球PSP网站第一,其市场份额远超过四大门户网站(Yahoo、微软MSN、Google和AOL)视频份额的总和。2006年7月18日《纽约时报》载,从7月12日开始,You-

Tube 网站每天的浏览量突破了 1 亿大关，标志着互联网视频时代或称播客时代的来临。2006 年 10 月 10 日，播客网站 YouTube 被网络搜索巨头 Google 以 16.5 亿美元收购，自此迈入了新的发展时期，而 YouTube 网站也因此而声名远播。

从 YouTube 网站发展的理念来看，“分享”视频的新概念取代“发布”视频的旧概念，为网民的进一步参与提供了更加广阔的发展空间。由于播客正在成为媒介的新宠，网络视频化代表着网络发展的重大趋势，加之经营得当，YouTube 网站在较短的时间内就取得了过亿元的日访问量，让它蜚声全球。

1. YouTube 网站的发展历程

Chad Hurley、Jawed Karim 和史蒂夫·陈于 2005 年 2 月创办 YouTube 网站，最初的目的只是为了解决私人问题：与朋友分享一次晚餐聚会的录像。当采取发送电子邮件的方式传送时，经常由于文件过于庞大，邮件被退回。之后尝试在线传递视频同样遭遇困难。于是主创者们一起研究，决心设计出更简单的解决方案——结果是创办了 YouTube 网站。

该网站从 2005 年 7 月起正式投入商业运营。根据网络监测服务提供商 Nielsen/NetRatings 的数据，2006 年 2 月，YouTube 每天播放 3000 万条视频，吸引了 910 万人访问网站。自 2006 年 4 月以来，每天被上传到 YouTube 的新视频内容达 3.5 万条，每日观看量更高达 3500 万条，高居全球网络视频业榜首。

由于 YouTube 的超高人气，引来了包括微软、雅虎等商业巨头的注意，相继与 YouTube 商谈收购事宜。2006 年 10 月，Google 公司最终以 16.5 亿美元收购了 YouTube。并购之后的 YouTube 仍然保留其自有品牌，而 Google 公司凭借此次收购占领了 50%的美国网络视频市场，与 Google Video 合并后市场份额达到了 60%。2014 年 1 月 3 日，You Tube 宣布在拉斯维加斯消费电子展(CES)上演示 4K 高清视频流媒体服务。该服务采用谷歌的视频编解码技术 VP9。

2. YouTube 网站的主要经营内容

在 YouTube 网站的初创时期，YouTube 主要是一个共享家庭录像的网站。

它创建的初衷是方便网民们共享各自录制的视频内容。任何人只需点击网站首页的“上传”键，即可将自拍短片上传。文件大小不超过100M、视频长度不超过10分钟，供其他人分享及评分。网站的内容主要由家庭制作的视讯和记录视讯资料组成。

随着网站规模的扩大和人气的上升，内容提供的多渠道和多元化成为网站发展的迫切需要。YouTube逐步由共享家庭录像的网站向主流娱乐提供商转型。YouTube着手拓宽内容供应渠道，展开和机构合作的道路。例如，YouTube与美国华纳等多家唱片公司达成合作关系，其网站为网民每日免费提供数千部音乐电视节目。通过这次合作，不仅使YouTube从草根摇身一变成了精英，更对苹果公司的付费音乐下载市场构成威胁。华纳高层谈道：“华纳与YouTube合作能拓展音乐销售管道，同时保护艺人的权益，带来实际利益。”同时，华纳唱片和百代唱片表示，它们各自都在与YouTube合作制定商业模式。这标志着YouTube的内容渠道由个人服务为主向个人与机构并重转变。

3. YouTube网站的经营策略及经营模式分析

与其他一些视频网站不同，YouTube将重心放在了视频社区上面。创始人之一的史蒂夫·陈说：“从创立的第一天起，我们就致力于构建视频服务的社区。在这一点上，我们和iTunes或Google有很大不同。”

YouTube网站的服务功能目的是发挥出网络社区的功能。通过这些功能，YouTube用户根据自身的兴趣和爱好组建一个个不同的群，群内的用户互相交流和互动给予了网站强大的生命力，保证了网络视频的点击率和上传率。

YouTube网站目前日点播量超过1亿次，能创造出这样一个奇迹与其采取病毒营销方式密切相关。依据“六度分隔”理论建立的SNS系统（社会网络服务，全称Social Network Service）是YouTube创立的网络运营模式。“六度分隔”理论是20世纪60年代由美国的心理学家米格兰姆（Stanley Milgram）提出的。这个理论简单地说就是：最多通过六个人，就能够认识任何一个陌生人。“六度分隔”理论有充分的社会学依据，社会学研究证明它不是特例，而是存在于普遍的情形中。哥伦比亚大学社会学教授瓦茨曾组织EMAIL实验，证明了“六度分隔”原理在人际关系中普遍存在。

YouTube网站正是依据这一心理学社会学原理，通过网络，把全球60亿人相互关联在一起。SNS系统的建立，使YouTube网站成为以视频分享为纽带的用户社区关系网站。YouTube网站建立了会员制度，例如，YouTube会员上传了视频，希望他的朋友们看到，他就会把YouTube网站介绍给他的朋友们，他的朋友们可能又会介绍给其他人，从而形成一个滚雪球效应——这就是所谓的“病毒营销”。

网站商业模式成功的6C要素：连接性（Connect）、导航（Context）、内容性（Content）、商务（Commerce）、通信（Communication）、社区性（Community）。虚拟社区培养成为提高网络用户忠诚度的重要方式。YouTube视频社区服务具体表现在：第一，组群功能，建立、寻找、加入以特定兴趣为中心的群。第二，参与对网站上视频的浏览、评论、评分。第三，视频的上传、Tag（标签）化、管理、聚类、关联、分享。第四，视频播放列表及视频订阅功能。第五，提供将视频嵌入用户Web页的接口。我们可以发现，YouTube的许多服务功能都发挥出构建网络社区的作用。各种SNS的功能，视频的Tag（标签）化、分享、评论、订阅、组群等功能的组合应用提升了YouTube网站的社会服务功能。

病毒营销是比喻营销内容的渗透力大、感染力强，并不是传播真的病毒。它描述的是一种基于人际关系的播客信息传递战略：像病毒一样深入网络，通过网络上下的人际网络无限复制，快速传播，覆盖尽可能多的网民。互联网WEB2.0其实是做少数人的生意，只要抓住这20%的核心用户，巩固忠诚度，发展新用户，雪球效应就会带来更大范围的网民参与，就能创造100%的内容和互动，这就是营销学中的2∶8定律。

YouTube把广告模式列为最重要的商业模式，目标是把YouTube打造成以全球为市场的新数字娱乐平台。

YouTube还将在线视频广告牌进行了充分的运用。网络视频由于其短小精练的特点，其广告本身就很适合充当节目内容，即所谓视频广告。YouTube就推出了在线视频广告牌。华纳兄弟唱片公司是首家使用此广告形式的公司，它利用YouTube推广Paris Hilton的首张专辑*Paris*。随后，耐克公司在网站上发布了足球明星罗纳尔迪尼奥穿着新耐克鞋踢球的片段。

互联网是风险投资关注的热点领域。具有高成长性的网站，往往受到风险投资的青睐。YouTube 的融资方式是以风险资金为主，并入 Google 上市。YouTube 网站发展资金约 1/3 来自自有资金，约 2/3 来自风险资金。为其注资的是美洲杉资本(Sequoia Capital)。美洲杉资本是硅谷乃至美国最强的风险资金公司，曾成功投资过 Yahoo、Google、苹果公司、思科公司等业界巨头，以及数以百计的中小型新兴科技公司。通过美洲杉资本培养起来的公司，约占整个纳斯达克股票市场总市值的 10%。YouTube 能被美洲杉资本看重，可以看出其发展潜力不可估量。2005 年 11 月，美洲杉资本给 YouTube 网站第一期注资 350 万美元；2006 年 4 月，第二期注资 800 万美元。从 YouTube 网站的迅猛发展来看，效果相当明显。获得风险投资是解决 YouTube 网站发展初期融资困难的重要办法。随着 YouTube 网站实力不断增强，获得风险投资只是网站发展初期的融资渠道而已，等到网站发展成熟，上市将是一种必然趋势。

【案例解读】

YouTube 之所以获得成功，有以下几个原因：

第一，采取病毒式营销，带来用户的快速增长。YouTube 打造的网络社区可以使用户很容易地在网页或博客上嵌入 YouTube 的视频，使得用户数量呈几何级数增长。

第二，良好的操作体验，满足用户的需求。在没有 YouTube 的时候，用户想要上传、分享一个视频是一件很麻烦的事，没有一个专门的网站可以完成这件事。视频体积相对较大，用 e-mail 传送很困难，用网络存储的话操作很烦琐，缺乏直观性。用户想看一个视频需要等待完全下载之后，用相应的播放器才能观看。YouTube 的出现不仅实现了视频的上传和播放，而且还能组建一个群落，方便用户之间互相分享。

第三，网络技术的高速发展完善了网络基础建设。网络基础建设越来越发达带来了诸多好处：宽带带宽加大，宽带接入费用日趋低廉，网民使用网络更加方便。这也为 YouTube 的成功奠定了一定的基础。另外，YouTube 最初的用户大多数都是 MySpace. com 的用户，他们将 YouTube 的视频嵌入到自己的主页上，无形中将 MySpace. com 的用户网络复制到了 YouTube 中。在一定程度上讲，YouTube 避免了从零开始，而是在相对稳定、成熟的基础上开始起步。

三、IPTV 市场的霸主：电讯盈科

随着全球范围内电信基础建设和网络技术的飞速发展，IPTV 作为一个新的电信热点正吸引着全球电信运营商的目光。IPTV 业务发展的起点是英国的 Video Networks 公司在 1999 年 9 月在全球率先推出的 IPTV 业务。随后国外的许多电信运营商相继进入了 IPTV 市场，IPTV 逐渐成为国外运营商发展的重要业务，成为继视频点播、网络游戏后业内最受关注的增值电信业务。从用户需求角度出发，运营商进行了很大的投入，积极开展各种尝试和试验，企图在 IPTV 市场大有作为。其中不少运营商为此付出了惨痛的代价，当然也不乏成功者，电讯盈科就是 IPTV 市场最大的赢家。

电讯盈科(Pacific Century Cyber Works)成立于 2000 年 8 月 18 日，是中国香港最大的通信服务供应商，也是亚洲主要综合通信服务公司。该公司由盈科数码动力有限公司与香港电讯有限公司合并而成，拥有完整的光纤网络及庞大的客户群，网络覆盖逾全港 95％的家庭和各大商业区，为全港的企业、住户提供跨越固网、宽频互联网、电视及流动通信四个平台的创新媒体内容及服务。电讯盈科设立了电话服务、全球通信服务和网络企业业务三个部门，其下属包括了八项商业机构，即电信服务、网络接驳服务、数据中心及网页寄存服务、电子贸易服务、移动通信服务、宽带电子贸易服务、创业基金和基建服务。

2000 年，电讯盈科利用 IPTV 的互动性优势推出互动电视“iTV”业务，主要是视频点播服务。由于需求萎缩、电脑及互联网的普及、盗版问题、需要支出高额网络费用和节目成本等原因，“iTV”业务并没有成功。

2002 年 7 月，电讯盈科取消了“iTV”业务，视频点播业务在当时被证明是一个不成功的商业模式。在这之后，电讯盈科积极变革，制定了一个新的运营

策略，并开通“Now”品牌业务重返收费电视市场，希望能够填补“iTV”留下的空缺。电讯盈科为了提高竞争力，采用业务捆绑的方式降低离网率，同时提高用户的ARPU值。在推广的第一个月宽带用户可以免费试看，期满后还可以以优惠的价格正式订购电视频道。在业务推广方面，电讯盈科实现了从传统广播业务提供到客户VoD高级应用的平滑的业务过渡。在内容方面，选择与多方面内容提供商合作，节目多以海外新闻、纪录片和西方娱乐为主，开通了一百多个频道，包括娱乐、体育、时尚、财经和教育等领域，为电讯盈科奠定了IPTV市场的霸主地位。

电讯盈科推出“Now”IPTV后，不断推出优质视频节目，最初两个月就吸引了15万用户登记使用。2003年12月15日，卫视电影台在“Now”IPTV上开播，为用户带来了独特创新的原创节目，包括脱口秀、游戏节目和综合娱乐等内容。2005年，电讯盈科进军内地，收购网通集团旗下子公司网通宽带50%的股份，借助网络资源发展IPTV，将其在香港运营的“Now”IPTV复制到内地市场。2006年1月12日，电讯盈科成功夺得欧洲联赛冠军杯各场赛事的独家直播播放权。2007年，“Now”夺得了意大利甲组联赛三个季度的香港播放权。2007年，“Now”IPTV正式推出高清节目，用户可以通过安装“Now”业务的高清服务来收看精彩的赛事。

【案例解读】

宽带市场瞬息万变，对于技术快速更新的IPTV市场更是如此。IPTV作为宽带的一个应用也将随内容分送网络技术、流媒体传输技术、音视频编解码技术、用户管理与收费系统技术等各种相关技术的发展而改变。所以对于发展IPTV等宽带增值业务，一成不变的运营和服务模式是无法适应市场不断变化的需求的。在还没有形成成熟的运营模式前，如何开拓成功的赢利模式对运营商发展IPTV业务至关重要。从“iTV”到“Now”电讯盈科专注于通过其宽带网络为全球提供增值服务，其运营的成功值得我们学习和借鉴。

第五节　通讯社类案例及解读

一、概述

随着全球化进程的不断加快，通讯社不仅要有各种形式的报道，更要通过加强内部管理和市场营销环节来实现通讯社新闻信息产品的价值。因此，对通讯社来说，加强科学管理，强化新闻信息的采集和营销，不断拓展通讯社功能和服务范围，提高营销工作效率，具有很强的现实意义。

二、《中国新闻周刊》特色经营，引领时政传媒

1.《中国新闻周刊》简介

《中国新闻周刊》由中国新闻社（中国新闻社是目前国内仅有的两家通讯社之一，采访网络遍布全球，国内各省亦均有自己的独立分支机构，其独到、深厚的新闻视角覆盖世界60多个国家和地区的华文媒体，在国内外媒体中享有较高的声誉）主办，创办于1999年9月，2000年1月1日正式出版发行。《中国新闻周刊》定位于信息管家、时事顾问、意见领袖，具有新闻性强的特点，以国内、国际重大新闻报道为主，强化时政新闻的内容，旨在构建中国权威时政传媒。《中国新闻周刊》内容涵盖政治、经济、科技、文化、体育、时尚、娱乐等各个领域。内容涉及广泛且富有深度，重点在于挖掘新闻背景和内涵，力争做到比报纸报道更有深度、有质量、有系统；比月刊报道更有时效、有权威、有观念。

(1)注重"眼球经济"，精制周刊封面。封面是一本杂志的门面，在出版业、期刊业竞争愈加激烈的今天，一本优秀的期刊如何能够在众多的选择中脱颖而出，吸引消费者的注意力，封面的设计以及封面策划的成败是至关重要的。正因如此，作为中国新闻社主办的一份新闻类杂志，《中国新闻周刊》首先将"眼球"注视于周刊封面的制作，不但力求醒目、好看，更要求有一定深度，使人看一眼就能被吸引，物有所值。

除了别出心裁的封面外，《中国新闻周刊》还将封面文章做成周刊的主菜，

它是对重大新闻事件的全面深入的报道——既有独家调查，又有精致的资讯，集权威性和理论性于一身。《中国新闻周刊》这一与众不同的做法，也为它带来了许多的“不同凡响”。例如，它三次以台湾政治人物漫画做封面，利用强大的新闻背景优势，对两岸局势变化进行深入、全面的报道，观点独具匠心。这在国内媒体中尚无先例，深受政府官员和在华投资者的青睐。

(2)新闻内容关注社会热点，独具创意。作为新闻类周刊，《中国新闻周刊》常以社会热点为内容和话题，进行深刻、全面的剖析，不仅能吸引大量的读者，也逐渐形成了自己的新闻风格。例如，《中国新闻周刊》自创刊起每年3月“两会”期间都会特别推出“中国政要名录”，集收藏性、实用性、资讯性、研究性于一身，成为《中国新闻周刊》的一大特色，每次刊出都深受读者欢迎。又如，在其2000年第48期《国难当头》中首次点名披露中国的艾滋病村，引起国内外媒体(包括 *Times*，*News Week*)的广泛关注和转载，并做了后续报道，同时中国国家卫生部也加大了对艾滋病的管理力度。该篇报道还被 *News Week* 誉为“有国际影响的报道”。

发行网络遍及海内外，拥有多种“唯一发行”的声誉。《中国新闻周刊》的发行除了遍及海内外，还以自己的影响力拥有其他媒体没有的“唯一”与“指定”：它是唯一确定达到中央高层的市场化运作的新闻期刊，唯一能进入人大、政协“两会”会场的杂志，唯一一份各国驻中国及中国驻外大部分使领馆订阅的杂志，中国国际航空公司指定机上阅读刊物，法国航空公司商务仓指定机上阅读刊物。

2.《中国新闻周刊》的特点

第一，栏目设置全面，版面风格新颖。

《中国新闻周刊》栏目设置非常全面。一般每期由23个栏目组成，包括“时事新动”、“特别报道”、“新闻人物”、“社会”、“国际”、“体育”、“经济”、“文化”、“北大讲坛”、“专栏”、“新闻浮世绘”11个大栏目，以及“目击”、“话中有画”、“新闻榜”、“读者来信”、“第一现场”、“学界”、“传媒”、“出版”、“随笔”、“潮流新品”、“电视电影”、“时尚人物”12个小栏目。这些栏目以各种各样的形式，反映社会生活的方方面面，紧扣时代生活的脉搏。其中“时事新动”、“特别报道”、“国际”

栏目，侧重于反映当前时事政治情况，而“社会”、“经济”、“文化”栏目侧重于体现当今的社会生活、经济生活、文化生活状况。有学者指出，像《中国新闻周刊》这样的栏目设置与媒介受众的转型分化和重组有着十分紧密的联系。经过转型分化和重新组合后的受众群体与广告商媒介一起形成了日渐成熟的传媒市场，所有这些因素又一起为以新闻周刊为代表的一系列新兴大众传媒的突飞猛进提供了良好的基础。《中国新闻周刊》的版面编排动感新颖，这从许多细节的巧妙处理和众多独具创意的安排中都可以体现出来。

第二，报道方式多种多样。

《中国新闻周刊》除了传统的文字报道方式以外，还采用了数据统计、背景资料、图片与漫画等多种多样的报道方式。避免因单一的文字而使周刊报道方式单调，造成读者视觉疲劳，影响信息的多样性。

第三，标题制作简洁明了，耐人寻味。

《中国，安全吗?》、《广西现象：腐败以穷人的名义蔓延》、《“做了他!”：官场腐败滑向黑道》、《带着基因“胜利大逃亡”》、《谁来为暴力美学负责?》等这些引人注目的标题全部出自《中国新闻周刊》。从这些标题来看，《中国新闻周刊》的标题制作简洁明了，耐人寻味。对《中国新闻周刊》自创刊号以来的刊物的标题进行分析比较，可以发现标点式标题的应用非常广泛，构成了《中国新闻周刊》的一道独特的风景线。

3.《中国新闻周刊》的经营发展策略

第一，细分读者，定位准确。

《中国新闻周刊》根据市场调研细分读者群，有针对性地改善发行状况，从而在市场化和信息化的期刊市场赢得了更多的读者。据调查，《中国新闻周刊》的男性读者占总读者数的70%左右。但近年来，女性读者群正在扩大，占据了越来越重要的地位。《中国新闻周刊》从软新闻与硬新闻方面作出了必要的调整，在巩固现有男性读者的同时力求赢得更多的女性读者，从而进一步扩大发行量。

之前《中国新闻周刊》的读者定位大部分是根据其他类似周刊的做法，全由周刊主办方负责，缺乏与读者的互动，通常忽视对读者的进一步了解，这也导致其在定位上具有一定的盲目性。为了正确地确定自己的读者群,《中国新闻周刊》或组织专门的市场调查人员,运用专门的市场调查工具与数据处理系统,对市场需求状况进行调查,得出有利于周刊发行的正确数据,为周刊的顺利发展导航;或在周刊的每一期后面附以调查问卷,采取有奖征答的方式对市场进行调查。另外还辅以网络调查、电话调查等市场调查方式,对市场进行精准的调查,细分市场,细分读者,以进一步扩大周刊的市场发行量,取得更好的经济效益。只有正确定位自己的读者群,周刊发行部才能准确、快速地拓展周刊发行渠道,将周刊发行到读者手中,进而扩大周刊的发行量,提高周刊的品牌影响力,取得良好的经济效益。

第二,树立品牌理念与意识。

美国品牌研究专家 A. 艾克和乔瑟米·塞勒认为:“品牌定位能突出品牌识别的焦点。它确定了传播目标,即什么样的信息最能体现差异化,最吸引目标市场。”目前,我国有 20 多种新闻类周刊。面对受众的媒介产品,信息传播者必须寻找一条捷径,使其品牌定位被目标受众识别,成为目标受众心目中的首选。何谓品牌?品牌是指消费者对产品及产品系列的认知程度。品牌是可以触发受众心理活动的商品(或者组织)标识。首先,品牌一定要有一个标识作为载体,这个标识,就像品牌的躯体。但是,仅仅有标识是不够的,就像人要有躯体,更要有灵魂一样。品牌经营对媒介的重要性主要表现在:强化舆论的导向功能,增强传播的效果;构成媒介的无形资产,代表媒介的形象;品牌是媒介赢得广告客户、拓展广告市场的保证;品牌能增强媒介的竞争能力;借助品牌效应,可以减少媒介新产品的“入市”成本。《中国新闻周刊》应培养一批高素质的记者、编辑、营运队伍,实现人力资本的最优配置和可持续性的人才选用机制。我国的新闻周刊与发达国家的周刊存在着较大的差距,一个重要原因就是人才素质的差距。

第三,掌握内容与广告的平衡。

内容无疑是读者最关注的事情,《中国新闻周刊》在内容上下苦功,更深层次地挖掘新闻的潜在价值,以内容赢得市场,赢得广告,为周刊的发展注入了新的血液,提供了资金保障。新闻周刊的策划主要是专题策划,选题精确,报道有深度，在深度、力度、广度上更胜人一筹。新闻周刊的策划方式主要有四大类，即全年的选题策划、突发新闻事件的报道策划、时政新闻策划和独家报道。多种类、多层次的选题策划，既能使刊物对突发事件及时反应，又可保证常规选题的质量与深度，从而使期刊内容动静结合、张弛有度。

《中国新闻周刊》的策划不仅仅局限在选题上，还对新闻事件进行更深层次的挖掘，分析事件的前因后果，使读者体验到全新的阅读感受。在我国，大多数新闻类周刊对于广告的限制较松，只要广告商愿意，肯出广告费，就可以刊登。这种做法很容易影响读者对周刊的好感，影响媒体的公信力。而《中国新闻周刊》很好地处理了广告与内容的关系，赢得了充裕的发展资金，在激烈的市场竞争中杀出重围，占据有利地位，不断地做强、做大品牌，从而树立了国家级新闻媒体的形象。

第四，走集团化和国际化道路。

国外传媒的集团化程度值得我国传媒学习和借鉴。外国的一些超大型的传媒集团可以把市场拓展得很大，其资本运作的实力非常雄厚。例如美国的《时代》周刊等有着雄厚的资金背景，它们通常可以集中大量的人力、物力和财力执行一个庞大的策划。而《中国新闻周刊》虽然由中新社创办，但在财力、人力和物力上与国外的大型传媒相比还有一定的差距。无论是在营销理念上，还是在管理体制上都应该作出自己的创新，以适应不断发展的市场需求。集团化是指一种以大企业为核心，以经济技术或经营联系为基础、实行集权与分权相结合的领导体制，规模巨大、多角化经营的企业联合组织或企业群体组织。组建企业集团有利于充分利用各种资源，从而进行资源整合，实现企业高效管理，获得更多利润；走集团化道路也有利于吸引资金，引入资本参与周刊的发行与广告经营。《中国新闻周刊》以自己为中心组建企业集团，扩展经营范围，充分地适应了市场经济的发展要求，发挥了集团化的垄断、品牌、战略等优势，争取了更多的主动权。这不但有利于周刊运营与市场接轨，而且也可以为周刊的发展提供资金方面的保证，周刊还可以实行完全的企业化经营，自负盈亏。

【案例点评】

《中国新闻周刊》为什么能够在当前数目众多、竞争激烈的新闻综合类杂志中脱颖而出？除了有中国新闻社的因素外，实质上周刊本身的创刊、营刊理念才是《中国新闻周刊》在新闻传媒占有一席之地、影响卓著的“独门武器”。换言之，《中国新闻周刊》之所以有现在的成就，就在于它能够掌握“读者最想关注的新闻——社会热点”，能想读者所想，并且能够将之以深刻的文笔报道出来。如此迎合读者、迎合市场，《中国新闻周刊》的成功也就不难解释了。

现今的社会发展越来越现代化、越来越复杂，各种事物同质化严重，人们已经厌倦了那些平淡无奇、毫无特色的东西，更愿意追求那些立意新鲜、另类特色的新事物。在传媒商业化的今天，同样也是这个道理：只有新意，才能从平庸中脱颖而出；只有不断进行创新，才不至于落后于越来越现代化、科技化的传媒发展。

在市场经济的大背景下，《中国新闻周刊》充分利用市场经济的有利因素，开展多种形式的网络合作，打造自己的品牌形象，利用自己的优势吸引读者，增加自己独具特色的网站流量以增加周刊的经济收益。在市场运作中，《中国新闻周刊》打破市场的局限，在激烈的市场竞争中占据有利地位。在全球化的今天，《中国新闻周刊》也没有忽视国际市场。目前，《中国新闻周刊》已推出了日语版，还在日本举办了自己的发行站，取得了较好的发行量。《中国新闻周刊》结合当地读者的特色，有针对性地开拓国际市场，不断发展壮大，扩大周刊的发行量与影响力。《中国新闻周刊》正是从立新意出发，巧制精品封面，追逐人们所关注的新鲜热点，由此吸引大众越来越难以满足的眼球，扩大影响的。简言之，就是在发掘出自己的特色之后，以经营特色为主旨，不断扩大这种“另类”的影响以吸引读者。《中国新闻周刊》的这种文化营销之道，看似简单，但常常出奇制胜，值得国内的其他新闻媒体加之思考和借鉴。

第六节 新闻传媒集团类案例及解读

一、概述

面对市场的剧烈竞争，新闻传媒如何经营、运作才能在市场经营中既取得良好的社会效益，又取得较好的经济效益？目前类似的系统研究尚不太多，这在一定程度上限制了新闻传媒的经营运作和进一步的发展。本节以新华网和报业集团为例，阐述新闻传媒领域的经营管理之道。

二、勇于创新、独特经营的新华网

由中华人民共和国官方通讯社新华社主办的新华网，是中国最重要的官方网站之一，也是世界范围内最重要的中文新闻网站之一。网站每天以汉语、英语、法语、西语、俄语、阿拉伯语和日语 7 种语言，24 小时不间断地发布新闻信息，每日更新量近 4500 条。内容以新闻为主，分为要闻专区和新闻专区两大板块，包括国内、国际、财经、证券、体育、科技、IT、法制、社会、娱乐、教育、校园、读书、汽车等 14 大新闻类别。

新华网作为国家重点新闻网站，始终将国际频道和各外文频道作为对外宣传和正确引导海外舆论的重要平台。外文频道设有多个外文语种，根据海外受众所关注的热点和阅读习惯组织报道，大量运用文字、图片、音视频等传播手段，大大丰富报道内容，增加报道数量，并在重大新闻上推出多语种专题报道、在线访谈、国际连线、网上直播等，及时地发出中国的声音，营造良好的舆论氛围。就拿英文频道来说，在十七大开幕的时候，首次实现英文与中文视频同步直播，引起海外媒体的高度关注，多家海外媒体争相转载或引用了新华网的外文报道。当时，外文频道是海外了解十七大的一个重要窗口。

新华网具有独特的管理模式，采用独特的新闻信息采集模式——“五环工作模式”。第一环是新华网的编辑部，根据网络媒体的特点，包装、整合新华社的各种报道资源，例如文字、图片和视频等，同时自己也直接采访一些重要的新闻信息;第二环是新华社国内部、国际部、摄影部等各大编辑部门,编辑记者负责编发稿子;第三环是新华社在全国各个省、市、自治区的分社,新华网在全国各地的很多重大报道、现场报道都是国内分社的记者编辑帮助采写的;第四环是新华社驻国外的100多个分社,分社记者负责为新华网提供海外稿件;第五环则是合作单位、协作媒体。

【案例解读】

新华网密切关注互联网的发展动态,不断地创新,抢占新媒体高地。自从成立开始,新华网一直将跟踪互联网的发展动向作为一项重点工作,积极探索运用新技术、新方法,改革、创新报道形式,扩大传播领域。新华网的页面不拘泥于单调、守旧,自创办以来已进行300多次改版,其中重大改版就有8次,在国内网站中,新华网首创了"大头条新闻"、首页通栏报道、英文同声翻译上传、国际连线联动、重大活动现场报道等报道形式,展示手段不断创新,进一步突出了自身特色,页面形式和内容更加丰富多彩、引人入胜。

随着近年来移动新媒体的兴起,新华网又形成以"新华短信"为主打,包括中文短信、小灵通短信、英文短信、移动电视滚屏、WAP、无线网站、彩信、手机画报、手机视频、手机报等较为完整的手机新闻信息产品链,一举成为中国最大的中文新闻短信内容提供商。面对网络视频的火爆,新华网也推出了独有的播出方式,数量、质量和访问量都在不断进步。当前,新华网平均每天播出的视频节目已超过60条,原创视频节目达10%,视频访谈节目平均每天超过一场。

作为由中国国家通讯社和新华社主办的国家重点新闻网站,新华网在新闻的权威性、快捷性、准确性和新闻信息原创方面的实力是毋庸置疑的,然而新华网并不单单满足于此,而是勇于创新、独特经营,充分利用自身独特的优势,将之淋漓尽致地发挥出来,从而拥有了一条不同于别人的成功之路。

思考题

1.《泰晤士报》被默多克收购后其经营方式有哪些变化？实现了哪些效果？

2. 通过怎样的经营,《瑞丽》杂志达到了市场细分的效果？

3. 如何看待 CCTV 的主动求变？

第四章　网络时尚类经营管理经典案例解读

本章提示

2000 年以后，互联网的发展用日新月异来形容一点也不为过。随着硬件基础设施的成熟、软件配套的完备以及人们对互联网熟悉程度的加深，网络在人们的生活中扮演着越来越重要，而且是不可或缺的角色。越来越多的人体会到了网络的魅力，也有越来越多的人开始在网络上寻求商机，网络对某些行业产生了深远的影响，甚至影响了某些行业的营销模式和发展规模。本章就网络门户、网络营销、网络游戏以及网络文学方面的案例进行了解读。

第一节　互联网门户类案例及解读

一、概述

20 世纪末，互联网在我国飞速发展，基础设施的建设也不断完善。我国互联网的蓬勃发展，带动了整个互联网相关行业的发展。在风险资金的大力支持下，我国互联网网站大量涌现，尤其是互联网门户网站以其全面的内容和网络应用服务，吸引了巨大的浏览量。到 2000 年 7 月，国内四大门户网站在 NAS-

DAQ成功上市，成为众网站的榜样。然而一时的繁荣并不代表永久的辉煌，当泡沫开始破灭，风险资金开始离去——2001年初，被称为IT企业晴雨表的NASDAQ指数跌破2000点大关，整个市值缩水50%以上，四只中国概念股也跌破发行价，直逼1美元大关，沦落为“垃圾股”。互联网企业从高峰到低谷的瞬间坠落，使我们不得不深深地思考互联网门户应该如何经营管理。

三、阿里巴巴创造的经营神话

阿里巴巴是全球B2B电子商务的著名品牌，也是目前全球最大的商务交流社区和网上交易市场。曾两次被哈佛大学商学院选为MBA案例，在美国学术界掀起了一股研究热潮，而且两次被美国的权威财经杂志《福布斯》评选为全球最佳B2B站点之一，多次被相关机构评为全球最受欢迎的B2B网站、中国商务类优秀网站、中国百家优秀网站、中国最佳贸易网，被国内外媒体、硅谷和国外风险投资家誉为与Yahoo，Amazon，eBay，AOL齐名的五大互联网商务流派代表之一。阿里巴巴的创始人、首席执行官马云也被著名的“世界经济论坛”评选为“未来领袖”、被美国亚洲商业协会选为“商业领袖”，全球著名高等学府麻省理工学院、沃顿商学院、哈佛大学等多次邀请马云讲学，是近50年来第一位成为《福布斯》封面人物的中国企业家。

正因为其“良好的定位，稳固的结构，优秀的服务”，如今阿里巴巴才成为全球首家拥有210万商人的电子商务网站，成为全球商人网络推广的首选网站，并被商人们评为“最受欢迎的B2B网站”。出色的成绩使阿里巴巴受到各界人士的广泛关注。WTO首任总干事萨瑟兰出任阿里巴巴顾问，美国商务部、日本经济产业省、欧洲中小企业联合会等政府和民间机构也都向本地企业推荐阿里巴巴。

“倾听客户的声音，满足客户的需求”是阿里巴巴生存与发展的根基。根据调查显示，有近一半的阿里巴巴网上会员是通过口碑相传得知阿里巴巴并使用阿里巴巴的；各行各业的会员通过阿里巴巴商务平台达成合作意向的合作者占总会员比率近50%。

在产品与服务方面，阿里巴巴公司在全球市场上为中国优秀的出口型生产企业提供“中国供应商”专业推广服务。中国供应商依托世界级的网上贸易社区，顺应国际采购商网上商务运作的趋势，推荐中国优秀的出口商品供应商参与运作，获取更多更有价值的国际订单。目前已经有70%的被推荐企业在网上成交，众多类别市场名额已满。2002年3月阿里巴巴开始为全球注册会员提供进入诚信商务社区的通行证——“诚信通”服务。阿里巴巴积极倡导诚信电子商务，与邓白氏、ACP、华夏、新华信等国际国内著名的企业资信调查机构合作推出电子商务信用服务，帮助企业建立网上诚信档案，通过认证、评价、记录、检索、反馈等信用体系，提高网上交易的效率和成功的机会。每月赢收以双位数增长。阿里巴巴以50万元人民币创业资本起步，吸纳了2500万美元国际资本，经过3年的努力和发展，于2001年底实现当月盈利，到2002年就实现了每月收入双位数的增长，并实现全年盈利，从而保证了对客户的持久服务能力。

2014年9月9日，阿里巴巴集团正式开始上市前的路演，与投资者沟通并推介股票，2014年9月19日，阿里巴巴登陆纽交所政券代码为“BABA”，成为全球范围内规模IPO最大的交易之一。

【案例解读】

阿里巴巴的营运模式走的是一条循序渐进的道路。首先抓住基础，然后在发展的过程中不断捕捉新出现的盈利机会。从最基础的替企业架设站点，到后来的网站推广，向对在线贸易资信的辅助服务、交易的订单管理不断延伸。

阿里巴巴是一个很大的商业社区站点，因此它有许多与潜在顾客接触的机会。而更重要的是它能有效地把潜在机会转化为现实收入。阿里巴巴的目标受众每年都要参加许多类似广交会之类的展销会议，此时阿里巴巴的工作人员就会利用时机，进行一些推广活动。阿里巴巴具有提供从低端到高端所有站点解决方案的能力。阿里巴巴替商品交易市场做一个外观主页，然后将其链接在自己的分类目录下。这样就使交易市场有了一个站点，实际上这和阿里巴巴是同一个站点，这就大大提高了被检索的机会。

1.站点推广。在阿里巴巴的收入中，站点推广的收入占据了半壁江山，主要有“中国供应商”和“网上有名”。“中国供应商”主要是面对出口型的企业，“网上有名”则主要是针对以买断形式的内销或工厂出口进行的。其中的价格依据是，举个例子，如果某家企业愿意以3万元人民币的价格租赁两周的广交会展销摊位，那么它应该也会愿意以同样的价格购置一年的在线展销时段。对于一个新生事物，某种意义上阿里巴巴要证明服务的有效性。阿里巴巴有一个系统服务的思维。

2. 诚信通。网络具有较大的不确定性，企业对网络信息本身充满了质疑。“诚信通”作为一项服务便不难理解了。“诚信通”上可以出示第三方对网络信息的评估，企业在阿里巴巴的交易记录也可以随时查询。

3. 贸易通。这是阿里巴巴网站新推出的一项服务，它主要有以下几项功能：确保商人安全、可靠地进行即时在线沟通、互动；结识、管理自己的商业伙伴，开展一对一的在线营销；拥有强大的商务搜索引擎，所有项目一目了然；“服务热线”为诚信通会员即时解答网络贸易方面的疑问，提供高质量的在线客户服务。

第二节　网络游戏产业类案例及解读

一、概述

伴随着信息技术的迅猛发展以及互联网的日益普及，网络游戏这个概念走进了我们的日常生活。网络游戏产业在文化产业中的地位也日渐突出。在全球范围内，网络游戏产业已经与影视、音乐并肩，成为全球最重要的文化娱乐产业之一。网络游戏曾经引起过广泛争议，但是它却表现出了旺盛的生命力，从无到有，从小到大，网络游戏产品和网络游戏产业的生命力越来越旺盛。本节列举了数个比较具有代表性的案例，深入地分析网络游戏产业的经营管理。

二、盛大网络：打造属于中国的互动娱乐商业模式

随着网络技术及硬件基础设施建设的飞速发展，网络游戏产业作为文化产业的一部分，开始显露出巨大的潜力和经济效益。2009 年，中国网络游戏市场规模为 270.6 亿元，同比增长 30.2%，是中国互联网经济中最大的细分领域。预计在未来几年，网络游戏行业仍将会是中国网络经济的核心产业，到 2013 年整个产业收入可能将达到 585 亿元。

面对如此大的市场规模，中国互联网企业都摩拳擦掌，期望在兴旺、红火的网游市场分得一杯羹。而盛大网络公司无疑是中国网游产业中的一支生力军。2002 年，盛大网络公司凭借代理一款名为《传奇》的韩国网络游戏而在中国网络游戏产业中一举成名，同时也推动了网络游戏在中国的发展，提高了网友对网游的认知程度。随着竞争的加剧，多如牛毛的代理商以及一些大的门户网站也开始自行开发网络游戏，盛大网络公司面临着严峻的挑战和考验。这些年来，盛大网络公司不断进取，成功地从一个个人创办的民营企业发展成为一家在美国纳斯达克上市的互动娱乐公司。

1. 盛大网络的经营领域与业绩

作为目前国内领先的互联网娱乐传媒公司，盛大网络通过互联网为用户提供多元化的娱乐服务。有角色扮演类游戏，如《热血传奇》、《传奇世界》、《神迹》、《仙境传说》、《彩虹岛》等；有休闲类游戏，如《泡泡堂》、《冒险岛》、《疯狂赛车》等；有棋牌休闲类游戏，如边锋网络游戏世界、游戏茶苑；有在线对战类游戏，由盛大投资的浩方在线对战平台能够使用户通过互联网，很方便地与其他玩家进行联机游戏；有互联网文学站点起点中文网，这是一个以原创文学为主打的文学类网站，涵盖仙侠、玄幻等类型小说，另外还有大批的签约写手。

1999 年，在创业之初，盛大购买了著名动画片《黑猫警长》的版权进行在线销售，每个月的销售额就达几十万元。

2002 年 10 月，盛大代理的韩国网络游戏《传奇》最高同时在线人数突破 60 万。据统计，2002 年盛大的销售收入达到 6 亿元人民币，净利润超过 1 亿元人

民币。

2003年，盛大的现金收入达3300万美元，经营净收入7200万美元，在国内同行业中处于领先地位。

2004年5月13日，盛大在美国纳斯达克成功挂牌，成为第一家在海外上市的中国网游公司。盛大由此在纳斯达克吸纳了大量的资金，为其后的战略部署奠定了基础。

2005年4月，盛大专门为女性量身定做的卡通版MMORPG游戏《梦幻国度》开始公测，公测两周内最高同时在线人数已经达到10万人。此外，盛大与韩国Gravity公司签订代理协议，得到了《仙境传说》在中国内地的独家运营权。

2007年，盛大第二季度净营业收入较2006年同期增长39.1%，为5.64亿人民币，创下了历史新高，并继续保持其业内领袖的地位。

2.盛大的经营战略

盛大从创立开始到现在，其经营战略也在不断变化。陈天桥曾经描述过盛大的战略方向：互动、娱乐、媒体。盛大未来要依靠高科技和国际互联网的力量来发展。游戏是盛大进入娱乐产业的敲门砖，网络游戏也必将是盛大未来的主打方向。

【案例解读】

在短短的几年内，盛大网络和陈天桥在网络游戏的运营方面，创造了经典的“盛大模式”，并取得了极大的成功。而且，这个模式已经得到了世界的公认。但“盛大模式”一直以来大多运用在网吧用户销售体系，对有着更为广阔的家庭用户市场，这个模式仍需经受一定的实战考验。更为关键的是，该如何在已有的基础上，与时俱进，加入新鲜的元素，使其爆发出更为强劲的生命力是盛大网络需要面对的课题。

盛大网络是善于创造第一的企业，其对市场的敏锐，对市场的把握能力，一直以来都是业内望尘莫及的。在对如何建立未来家庭用户市场新的商业模式这一点上，盛大也不例外地当属第一。盛大还与英特尔合作提供终端内容解决方案，与阿尔卡特合作提供捆绑服务内容，直接或间接地将自身的服务与宽带业务的各种提供商牢牢地捆在一起，为自己的数字内容进入家庭提供了一个强大的外包支持。

后台内容的强大动力有了，台前的推销同样重要。盛大还将嘉年华移师天府四川，在九大城市进行巡游，行程近万里，既延续了盛大回馈用户的互动之旅，又充分推广和检验了自己提出的互动娱乐新概念。这样的市场推广商业模式，不可谓不是大手笔，在国内也是没有先例的。

更为重要的是，盛大网络在四川主推的是一个休闲娱乐平台——www.poptang.com。从表面上看，盛大只是在为自己做一个商业性的市场推广，但从深层次上去考虑，盛大其实是在传输一种理念，在向外界表明自己的战略发展态度的同时，也在缔造又一个新的商业模式。

盛大曾提出过，它的目标用户群是7岁到70岁的年龄层。这对刚刚起步的中国互动娱乐产业来说，对尚处于提供初级服务的初始阶段来说，这只能说是一个理想。

但盛大却在短时间之内将自己与这个理想的距离大大缩短了。从当初只运营一款《传奇》，到代理与自主研发并举，盛大在短时期内打通了产业链的上下游。在拥有了众多的内容提供平台之后，盛大网络又推出了POPTANG平台，其目的就是要整合自身资源，为用户提供一个内容服务的平台，而这个平台除了以往的游戏下载论坛服务之外，还包含了短信平台、周边平台、交流平台、手机游戏下载平台等多种功能，让人仿佛一夜之间看到了盛大从单一游戏运营商到互动娱乐内容提供商的转变。与以往大多数人对游戏的抵触、不接纳相比，盛大的家庭数字娱乐概念通过POPTANG平台让更多的人逐步转变了对游戏这一娱乐方式的固有成见，使用户充分接纳了盛大的这一转变。

盛大能够取得成功，可以归纳为以下几点：

第一，把握市场脉搏，抓住良好机会。

盛大在成立初期曾获得中华网300万美元的风险投资。面对市场的变化，盛大决定进入网络游戏。然而由于与中华网在是否进入网络游戏上产生分歧，盛大不惜失去巨额投资也要挺进网络游戏。这个决定是建立在对网络游戏市场的实际考察和分析基础上的。结果，盛大凭借《传奇》这款网络游戏一飞冲天。在获得成功后，盛大并没有止步不前，而是放弃了旧有的传统销售渠道，打造了新的e-sale模式，使网吧成了分销渠道的销售终端，有效地解决了分销渠道信息流、物流的问题，也摆脱了对传统渠道的依赖，很好地对市场进行了覆盖。

第二，加强自身实力和自主研发能力。

经历了《传奇》的成功之后，盛大的战略目标转移到了自主研发网络游戏上来，这也是作为一个游戏公司的必经之路。没有自主研发能力，在市场上就会被动和挨打，一款游戏不可能永远流行下去，这时未雨绸缪就显得格外重要。同时，盛大也加大了对研发的投入力度。

第三，走多元化之路，丰富相关产业链。

到了2005年，网络游戏《传奇》的热度逐渐减退，其他一些新兴游戏逐步推出，盛大随之开始探索新的盈利模式。2005年12月，盛大宣布旗下三款大型网络游戏《热血传奇》、《传奇世界》、《梦幻国度》永久免费，采取新的收费模式CSP。2007年，盛大创下历史新高的净营业收入，证明了盛大的决定是正确的，这也是未来网游发展的主流方向。

经过几年的发展，盛大以现有的多元化经营战略，以产品和市场为核心进一步拓展经营领域，实现了企业的规模经济。盛大正试图建立一个强大的家庭数字娱乐帝国，提供覆盖从PC、移动终端到数字电视的多种平台，建立中国最大的互动娱乐运营体系。

综上所述，一个企业要想生存与发展，必须要把握正确的市场脉搏与市场环境，作出正确的市场判断，明确经营理念与目标。

三、网游的营销时代

盛大运营的《传奇》被人们认作是中国网络游戏飞速发展的开始。从2001

年至今的10余年时间里，网络游戏市场呈爆炸式增长。在这个风云变幻、竞争激烈的市场中，行业的老大地位也几经更迭，从盛大到网易再回归到盛大。在2007年11月1日巨人网络在纽交所上市后，我们突然发现，网游业又有了新的霸主——按市值计算，巨人网络已经成为中国最大的网游公司。

其实，在行业领头羊的更替中，我们可以大体地看出中国网游行业在这些年来的发展历程：海外代理（盛大）→自主研发（网易）→免费模式（盛大），随着巨人网络此次的崛起，似乎预示着渠道和营销正在成为左右网游发展的主流力量。

1.海外代理时代

盛大的成功离不开《传奇》，而《传奇》正是日后被称为“韩国泡菜”的经典引进游戏。在2000年左右，国内的研发力量还比较薄弱，面对来自韩国这个网游发达国家的游戏，显得弱不禁风。《传奇》没有遭到一点抵抗便占领了中国网游这个几乎空白的市场，盛大也借此一鸣惊人。

在现在看来，虽然《传奇》玩法较为程式化，显得枯燥无味、千篇一律，但是其精致的画面和简单上手的操作，在初期的网游市场中，却是吸引玩家的关键。《传奇》和盛大的成功，掀起了行业内一股代理韩国游戏的热潮，韩国游戏曾经占据了中国70%的网游市场，可以说“韩流”席卷了整个中国市场。中国巨大的市场成为了韩国厂商的乐园。

但是好景不长，看到中国网游市场供不应求的火爆场景，急功近利的韩国厂商开始“偷工减料”，质量参差不齐的游戏开始滥竽充数。另外，韩国厂商对出口的游戏缺乏后续的服务，甚至他们还有“压榨”中国运营商的倾向。中国网游不得不自力更生。

2.自主研发时代

虽然盛大研发的《传奇世界》也取得了成功，但国内最早自主研发网游的成功者却是网易。在充斥着国外游戏的网游市场中，网易凭借《大话西游》和《梦幻西游》的成功，抢得了一块市场。

2002年至2005年，网易紧紧追赶在盛大后面，这也可以看作是一个国产网游追赶海外网游的过程。到2005年第四季度，网易的市场份额首次超过了盛大，成为行业里新的霸主，国产游戏取得了阶段性的胜利。

2006年，国产游戏势头依然强劲，在网易坐稳网游第一宝座的同时，征途和完美，甚至金山和天晴数码等一批自主研发网游的新兴力量也在迅速崛起。在作品的数量和质量上，国产网游逐步走向成熟。本土化的优势加上国家政策的扶持，使得国内企业很快在网游市场上站稳了脚跟，并取得了成功。2006年可以说是国产网游丰收的一年，自主研发的网游厂商遍地开花，国产自主研发的网游首次主导了中国的网游市场，国产网络游戏产品的市场规模达到了42.4亿元，占网络游戏市场总规模的64.8%，比2005年的22.6亿元增长了约87.6%，投入公测运营的111款网络游戏中，国产游戏79款，约占71.2%。

3. 网游经营时代

要定论谁是网游免费模式的代表，还存在争论，但要说谁将免费模式做得最好，那肯定是巨人网络，肯定是史玉柱。史玉柱和《征途》的成功，不但是国产游戏的成功，而且是免费模式的成功，更是一种新的经营管理模式的成功——将传统行业的渠道铺设和市场营销引入网游行业的运营中。

【案例解读】

从游戏本身来看，《征途》并不一定是国内最好的游戏，但绝对是最成功的游戏——《征途》是全球第三款同时在线人数达到百万的网络游戏，2007年上半年营业收入6.87亿元，纯利润5.12亿元。史玉柱成功的原因在于理性地分析行业和研究消费者，再将营销手法全面地应用到游戏的运营里。

在市场定位上，史玉柱选择了二三线城市和农村，这个市场不但玩家数量大，而且竞争对手的力量也相对薄弱，营销手段往往能够发挥良好的作用。紧接着史玉柱又将地面推广的营销队伍铺遍全国，在全国各地举行各种宣传推广活动，拉动玩家进入《征途》。他的营销队伍有将近3000人。如此庞大的营销队伍，有效地保证了宣传攻势的全面到位。在游戏中，史玉柱根据对玩家的细分，确立了“赚有钱人的钱"的市场定位，让有钱人玩得爽，没钱的人免费玩游戏，皆大欢喜。看似简单的策略，其实是建立在对玩家的深度了解和把握的基础上。

另外，史玉柱的活动营销也非常具有创意。为了拉动人气，他甚至给玩家发"工资"，用每月最多可达100元的"工资"来吸引玩家，让玩家玩游戏不花钱，还能领"工资"。同时，《征途》还不定期举行各种抽奖送现金活动，奖金更高达国家最高标准的5000元。全面到位的宣传攻势、准确地把握玩家特点、频繁而有效的活动营销，史玉柱对营销手段的熟练运用和不遗余力的营销力度，最终造就了《征途》的成功。这是一条不同于其他任何游戏厂商的成功道路。

网易成为行业第一，证明了网游应坚持自主研发的方向；盛大成为行业第一，证明了免费模式成为主流；史玉柱的巨人网络成为中国最大的网游公司，证明了融合市场经营管理观念的全新运营模式的胜利。中国网游行业在确定了自主研发和免费模式后，又找到了新的发展方向。

第三节　时尚类案例及解读

一、概述

在全球化的影响下，全球时尚趋势正变得日益贴近大众生活。"时尚"二字，贵在创新，做到标新立异。大量的实践经验表明，每一轮新的时尚，都是在特定时段内先由少数人实验，而后成为社会大众所崇尚和仿效的生活样式的。而且，时尚的源头一般都由精英人士开启。如何通过对"时尚"的经营管理，来获得社会、经济效益的最大化是本节的主要内容。

二、网络音乐"钱景"无限

伴随着MP3、FLASH的产生，《老鼠爱大米》、《两只蝴蝶》、《丁香花》、《猪之歌》等网络流行歌曲盛行，其内容和方式多种多样，深受大众喜爱。这些反映演唱者生活、思想和心境的网络歌曲风格幽默，批判、揭露性比较强，容易引起网络受众共鸣，并以其不可阻挡的威力席卷全球。业内人士将其称为“音乐传媒的一场革命”。网络歌手这一民间音乐力量的兴起，使这些草根群体可以绕开唱片业的金字塔，转而通过互联网直接跟听众进行交流。音乐的传播方式发生了改变，音乐产品的盈利模式随之改变，人们的消费习惯也跟着变了。实际上不止这些，正在和即将改变的还有很多，随之引发的变革和值得关注的地方同样还有很多。

尽管互联网创造财富的能力已经给人们留下了深刻的印象，但是音乐与互联网完美结合在一起时所产生的美妙“钱景”还是让许多人大吃一惊。2005 年，曾一度被专业人士斥为“登不上台面”的“口水歌”《老鼠爱大米》作为彩铃推出后，一个月就创造了下载量 600 万次的纪录，而这笔收入相当于传统唱片 70 万张的销量。这首由业余作者创作、业余歌手演唱，并且未经唱片公司包装的歌曲成了中国网络音乐的代表作。在这一背景下，越来越多热爱音乐的网民开始投身于网络歌曲创作，他们也许只有一台能够正常运转的电脑和一套音乐编辑软件，但他们却得到了互联网提供给他们的机会，并将他们带进了乐坛。许多脍炙人口的歌曲，如《丁香花》、《大学生自习室》、《别说我的眼泪你无所谓》、《猪之歌》、《恋人絮语》、《回心转意》等都是先在网上流行而后唱红全国的。

在传统唱片业因盗版、非法下载、发行渠道不畅等因素萎靡不振的情况下，网络音乐的异军突起不仅填补了市场的空白，还让唱片公司看到了新的希望。对于“唱片已死，网络音乐风生水起”的现象，中国音像协会秘书长王炬认为：“尽管唱片市场和唱片公司不景气，但娱乐的需求还是客观存在的，并不会因为唱片公司包装的歌手少了、推出的专辑少了，需求就少了。”不难看出，人们对于音乐的需求转向了另一个方向：通俗的、非职业的、互动的、更娱乐化的形式。网络音乐正是在这个背景下应运而生的。随着互联网的飞速发展，用户的基数越来越大，越来越多的唱片公司开始转战互联网，选择与网络歌手签约。

网络歌曲商机凸显，为唱片公司带来无限“钱景”：庞龙的《两只蝴蝶》在网络首发为华友世纪公司带来了 200 万元的收入；2005 年，太和麦田携手太乐网首发“中国超女”李宇春的《冬天快乐》付费下载超过 50 万次。与此同时，许多

“一曲成名”的网络歌手也相继被抢占先机的唱片公司“收编”。打着“网络歌手”旗号签售的唱片销量更是惊人，20万到50万的巨大销量让那些被唱片公司包装推出的知名歌手黯然失色。

【案例解读】

从网络歌曲的制作、上传、在线收听、下载、销售、产业延伸等方面，我们深刻地体会到作为一种文化产品，网络歌曲已经远远超过了它本身所承载的含义。它可以在更大的市场空间里走得很远，并获得更大的“钱景”。

在传统唱片业因盗版等因素影响而“积劳成疾”、萎靡不振时，网络音乐的异军突起事实上填补了市场空白。可以说，网络音乐使一些在困境中挣扎多年的传统唱片公司重获新生。而以手机为主要载体的无线音乐市场的诞生和扩大简直就是这些唱片公司的“救世主”。网络音乐产品的增值服务提供商可以是传统唱片公司、网络服务商、移动公司或其他的各种专业公司，这些不同类型、不同功能的公司和群体共同构成了新的音乐产业链。

面对市场需求，传统唱片公司适时把握机会，把数字音乐提升到内容产业推向传统唱片市场，是十分正确的选择。唱片公司可以通过网络更迅速地发掘新人。因为这些网络红人，他们有更平民化、通俗化和贴近生活的特点，而且经过网络的筛选更容易走红。同时，唱片公司紧跟时代潮流，顺应时代发展趋势，通过网络传播新歌和开发相关产品，走多元化发展道路，能够获得比传统唱片更多的收益。

唱片公司和网络公司可以通过合作，共同保护网络音乐和作者的知识产权。网络歌曲的开放性和不可控性决定了它没有成熟的盈利模式，这使其创作者在这一新领域收益甚微。据统计数据显示，在无线领域，中国有4亿使用彩铃的手机用户，2008年无限音乐市场收入200亿元人民币，到2009年已达240亿元。但是，创作者们一年的收入却不到25亿元。两者之间巨大的落差，反映出网络歌曲发展亟须解决版权保护的问题，而只有唱片公司和网络公司合作才可以解决这个问题。

在网络艺人的经纪工作方面，传统唱片公司和网络公司的合作能够使网络艺人的价值最大化。同时网络歌手的收入也发生了变化，歌手在商业活动中的收入非常可观，远大于唱片、彩铃等领域给公司带来的利润。

四、光线传媒的品牌经营

1998年，光线传媒有限公司成立了，它是目前我国最大的民营传媒娱乐企业，也是我国最大的娱乐活动公司。光线传媒旗下有中国最大的娱乐电视节目与体育电视节目群，以及最大的娱乐报纸、娱乐资讯网站等，其涉足领域包括电视网络、多媒体、报纸等。

"光线"传媒始终恪守"我们了解娱乐界"的节目宗旨，并且在这一宗旨的引导下，"光线"打造了很多具有良好创意的节目，如《娱乐现场》等都取得了很大反响。公司将整档节目划分成不同的单元板块，推出不同形式和内容的节目。产品多样化覆盖了不同需求的观众，也是其确定较大市场占有率的不可或缺的条件。"光线"充分阐述了那句话，"一样的娱乐圈，不一样的角度和观点"。

光线传媒通过不断努力，实现了传媒与娱乐一体化和品牌化，也奠定了其在文化产业中的地位。从策划至服务的各个环节，娱乐元素都已融入了"光线"电视节目中。把规范化娱乐内容变为盈利的商机是"光线"最擅长的。在准确的定位策略下，以电视节目联供内容运营为核心，实现了规模经济效益。目前，"光线"已占据全国娱乐市场中最大的市场份额，成为中国娱乐界信息传播领域的领军者。

"光线"创始初期，王长田先生发现大陆传媒对娱乐信息的报道少之又少，这方面的传媒市场还处于空白状态。1999年7月1日，王长田出品了有"娱乐节目的《新闻联播》"之称的《中国娱乐报道》，并风靡中国各大电视台。"光线"乘胜追击又推出了《中国娱乐报道》的姐妹篇《世界娱乐报道》。"光线"的创意并没有止步不前，它继续在节目创作的道路上不断创新，又陆续推出了《明星中的明星》、《大牌明星的心灵战场》等节目。目前国内音乐类娱乐节目王牌《音乐风云榜》也是由“光线”在这一时期推出的。“光线”还推出了《体育界》,充分考虑到了男性对娱乐资讯的需要。随着娱乐节目的竞争越来越激烈,“光线”为了增强竞争力,提出了“娱乐万象,总有中心”的节目创意,进行了产品细分。目前,“光线”已形成了《娱乐现场》领军的创意节目群,富有创意的“光线”开创了中国娱乐报道的新时代。

“光线”获得成功后,并没有止步不前,而是注意对已有节目的品牌进行保值增值。用品牌巩固创意是“光线”的品牌策略。它依靠投入巨额的资金以及新颖的节目内容和形式,对竞争者施加压力。就拿《娱乐现场》来说,“光线”采取了品牌推广、内容建设、吸引冠名商三大策略来提升节目的品牌价值。另外,“光线”还拥有全国人气最旺的娱乐节目主持人,两者相辅相成、互相促进,形成了“光线”品牌的黄金组合。同时,“光线”还全力打造了最有价值的娱乐品牌“e”,使“e”深入人心。所以,从文化产业的角度看,“光线”的发展历程就是创“e”的过程。

【案例解读】

娱乐节目的最终目的就是愉悦大众,丰富广大百姓的精神文化生活,给大众生活带去欢声笑语。最近几年的综艺娱乐节目虽然火爆,但大多形式雷同,千篇一律,很难从众多的竞争对手中脱颖而出。这样的节目看多了,就不再是一种享受,而是视觉的负担,从而产生乏味感。综艺娱乐节目要想在这种激烈的竞争中生存下来,就必须独具创意、别具一格,这样才能吸引广大观众的注意力。

“光线”有意识地培养自己的受众群体,明确市场定位,拥有了一定的市场占有率。坚持创意为王,不断创新节目板块,突出产品的差异化,使“光线”在大同小异的综艺娱乐节目中脱颖而出,更能吸引观众的眼球。在产品方面,“光线”还始终坚持带给观众有价值的东西和产品的价值理念,提高了节目的看点,因而更受观众的欢迎。在探索市场化运营、产业化发展新规律的道路上,“光线”创新经营管理模式,强化品牌建设,取得了丰硕的成果。

“光线”的成功体现在节目制作、品牌增值、生产方式等方面，形成了一个专业的、系统的传媒产业链，包含节目策划、制作和包装、发行再到广告及相关增值服务的开发体系。这种产业链模式不但实现了媒体产品的大规模生产，而且还提高了节目的质量。“光线”已成为文化产业的一支主力军。

“光线”给我国传媒娱乐企业带来了一定的启示，应把目标定位在数字电视运营平台上，发展成为以新媒体和新技术为导向的多媒体大亨。光线传媒有限公司是一个传奇，为我国娱乐类电视节目的创新和发展提供了可借鉴的范例。

第四节　网络文学类案例及解读

一、概述

古人云：书中自有黄金屋。意思是书本中的知识能创造价值，现在这句话也成为当今网络文学产业化的真实写照。绝大多数的网络文学网站已经成功地从提供免费阅读走到付费阅读，开始追求网站与写手的利益最大化，开启了一条产业化经营的道路。

二、“小李飞刀”打造“亿元女生”

当年，路金波与宁财神、邢育森并称为网络文学的“三驾马车”，以写文章出名，从普通网友变成国内网络文学界的鼻祖，并常年致力于网络文学领域。在1997、1998年的时候，路金波用“李寻欢”这个网名活跃在中国互联网的各个文学论坛上。在2000年前后，网络文学的概念正式推出，“李寻欢”成为第一代网络文学写手的代表人物，也可以说是网络时代第一批受益的文学爱好者。2000年1月，他接受“榕树下”(当时最知名的网络文学网站)的邀请担任网络原创文学大赛的评委，在同年9月，正式加入“榕树下”，这对他的人生发展产生了重大影响。

2006年初，路金波向中国出版界和媒体“吹了一个大泡泡”，打造了“亿元女生”郭妮。郭妮的作品一年收益达到1亿元人民币。郭妮作品在2006年上半年已销售总计205万册，收益高达5000多万。因此“亿元”不是痴人说梦，而是可能实现的目标。数据表明，2006年码洋最高的作者已不再是我们熟悉的余华、韩寒，而是一个让大家有点陌生的80后郭妮。

当第一次看到郭妮的作品的时候，很容易把这些具有卡通封面的图书归类到“青春读物”类，但与普通图书不同的是，郭妮系列作品每本都会附送很多类似便笺、粘贴纸等礼品，而且还放在一个盒子里出售，人们有时会以为这是一个PC或网络游戏，而不是一本书。这使得一些礼品店、文具店、杂货店也成为郭妮作品的销售渠道。

郭妮的书定位于低龄化人群，那些粘贴纸和卡通人像深得小女生的喜欢。因此，它的受众范围很小，比如她的书迷组织的“YAYA家族”，完全是由女孩组成。对此，路金波认为这是市场细分的需要，他们打造郭妮就是针对13～15岁的女中学生市场。路金波认为，中国图书市场已经进入一个中学生占消费主导地位的时代。王朔、王安忆、池莉等20世纪五六十年代出生的传统作家，把持了八九十年代的出版市场。到2000年前后，网络文学的兴起，成就了一批70年代出生的作家，使得那个时候的图书市场完全由他们占据，比如安妮宝贝的每本书都能畅销50万本。而现在，大家都知道是80后的天下了。图书市场经历了由知识分子读者主导到白领文艺青年主导，再到现在的中学生消费群主导的转变。借新概念作文的东风成长起来的韩寒、郭敬明等80后作者则把市场降到了十六七岁，而现在郭妮进一步降到初中女生，其实越往下市场越大。

郭妮的书行文很卡通，在很大程度上受到日本少女漫画的影响。在内容上和设计上都迎合了初中生的口味。路金波解释说：“日本的漫画，中国台湾的偶像剧，郭妮的小说，在手法上都是类似的，这是市场决定的。”郭妮的这些小说可以很容易地转化成动漫或者偶像剧，进一步向产业链推进。

【案例解读】

郭妮的作品实际上是一个“流水线”产品，是由一个团队来共同完成的。根据市场调查结果，“聚星”团队会每次给她一个提纲，里面包括人物关系、故事梗概等小说框架，郭妮需要做的就是扩充情节和操刀完成写作。与一些影视剧的操作模式有点相像，虽然路金波一再强调“参与写作的只有郭妮一个人”，但给人的感觉却是，台前的郭妮只是一个代言人，更重要的是藏在其幕后的路金波和他的团队。

“对于出版商来说，不能把出版变成农业。”路金波对他的畅销书“流水线”振振有词，“编辑从一开始就参与到生产的各个环节，把书作为一个产品，需要有人监制。我们对市场有严格的调研和分析，才制定出类型化故事，最后由郭妮来完成它，这就把出版变成了工业。”

无论如何，通过路金波及其团队的经营管理所打造的“亿元女生”郭妮取得了很好的成绩和市场反响，其中成功的经验仍然值得我们学习和借鉴。

三、中文网络文学的商业化经营模式探究

提到网络文学，人们的第一反应往往是榕树下和天涯社区。在体裁上，它们以短篇小说、散文和诗歌为主，风格上以“小资情调”为主，主要读者群是年轻的小资白领。2000 年，榕树下曾经红极一时，出版了大量实体书，捧红了一批网络写手，但它始终没有确定出一条稳定的盈利模式，实体书出版也日益凋零，最后不得不放弃统一的管理，成为松散的网友俱乐部。在现实生活中，“榕树下”风格的网络文学可能被视为一种通俗文学，但是在网上它被视为一种“严肃文学”，阅读面还是太窄。在榕树下，一部长篇小说的点击数字达到 10 万就算是非常火爆了，但这个数字离追求赢利还差得很远。

早在 2000 年，中文网络文学诞生了一个非主流类别——玄幻小说。这种小说带有浓厚的幻想色彩，天马行空，与西方的幻想小说（如《魔戒》与《哈利波特》）和中国传统武侠小说有着千丝万缕的联系，是一种混合体裁。到了 2001 年前后，玄幻文学作为一种独立的文学题材已经相当成熟，产生了一批早期的网络大作，并逐渐与科幻、武侠、言情等文学体裁融合，形成了中文网络快餐文

学的骨架。台湾的鲜网、小说频道等网站最早发现了中文网络快餐文学的商业价值，并在2001年与一批著名的快餐文学作家签订了出版合同，形成了比较稳定的“网络创作—实体出版”的盈利模式。但是由于大陆出版业的种种限制，这种模式并没有很快运用于大陆。

到2002年下半年，快餐文学网站已经是一批有固定忠实读者群的网站，但它们都没有找到自己的盈利模式。许多网络作者在大陆网站上打响名气之后，立即与港台网站或出版社签署实体书出版协议以获得稿酬。当时几乎中国大陆所有的网络文学网站都还处在“个人网站”的阶段，没有科学的管理体制，也没有独立的法人资格，网络快餐文学商业化的基本条件还不具备。当然，大陆网络作家除了与港台出版社签订出版协议之外，往往还向大陆的通俗文学刊物投稿，但当时大陆的幻想类文学刊物数量很少，除了武侠作品的发表空间比较大，其他作品希望仍然渺茫。

2002年下半年，作为早期快餐文学网站之一的起点中文网成立了。当时仅仅是个人网站。后来它之所以能够取得成功，就在于它抓住了网络快餐文学商业化的机遇，从2003年起便坚定不移地走上了商业化的道路。当时网上对快餐文学商业化的意见有较大的分歧，有人认为网络文学就该免费，出版实体书并不会影响网上的免费阅读；有人则认为网络作家应该向杂志、出版社寻找收入来源，文学网站不应该担负为网络作家创造收入的使命。但是从2003年开始，大陆网站从港台引进一种全新的网络文学盈利模式——VIP制度。所谓VIP制度，是指读者向文学网站交纳一定的会员费，成为该网站的VIP会员；然后，付费会员可以随时向网站支付订阅费，阅读网络小说的VIP章节。VIP会员支付的订阅费一部分归网站，一部分归作者。起点中文网推出VIP制度之后，幻剑书盟、翠微居等快餐文学网站也相继推出了自己的VIP小说，快餐文学的商业化成为2004年中国网络经济的一个重要亮点。

但是，VIP制度在大陆遇到了两个麻烦：首先是网友的抵制情绪，许多读者抱有根深蒂固的“网络文学就应该免费”的观点；其次是网络著作权法律的不健全，虽然最高人民法院、最高人民检察院曾经出台保护网络著作权的司法解释，但在执行上却要大打折扣。起点、幻剑的VIP制度一经推出，就遭到了盗版，支付订阅费的 VIP 读者感觉自己当了冤大头。

除了打击盗版，VIP 制度还面临两大问题：首先是支付手段，电子出版物订阅不可能像实体书那样“一手交钱，一手交货”。早期的 VIP 支付都是通过银行卡转账的，VIP 网站需要和银行签署协议，读者感到很不方便，转账流程比较复杂，要等待 24 到 48 小时才能到账，遇到法定节假日就要拖得更久。2004 年以后，许多网站开通了手机短信、固定电话、游戏点卡等支付渠道，但这些支付渠道一样存在诸多隐患，必须与电信服务商、网络游戏商分成。其次是网站与 VIP 作者的权利与义务关系。早期的 VIP 网站与作者签署的协议很不健全，不是网站侵吞作者权益，就是作者私自违背协议，最终受害的是广大 VIP 读者。所以，2004 年以后各大 VIP 网站都下了很大力气弥补 VIP 协议中的法律漏洞。

虽然起点的 VIP 制度不是最早的，但却是实行得最坚决的，技术手段上也比较先进，每一步都走在了竞争对手的前面。到 2004 年下半年，起点在大陆 VIP 文学网站中的第一把交椅位置已经不可动摇，实体书出版渠道也开始畅通，此时发生盛大巨资收购起点事件也就可以理解了。

进入 2005 年，借助盛大的雄厚财力和公共关系，起点签订了大量实体书出版合同，“网络 VIP＋实体书出版”的盈利模式已经初具规模，但由于国情的限制，起点仍然无法拥有自己的实体书出版资源，最终的出版权利仍然归于各大出版社，这给它的盈利能力蒙上了阴影。盛大公司声称自己花费 5 亿元人民币收购起点，这个数字肯定不真实，圈内人士估计真实收购价最多只有 5000 万，很可能是交换股票收购。

作为中文网络文学的龙头老大，起点未来几年或许可以维持高增长，但它现在是否值 5000 万元是很可疑的。起点、幻剑等 VIP 网站对财政状况讳莫如深，至今没有一家网站宣称自己能从 VIP 制度中赚大钱；这些网站的年营业收入目前都不到 500 万，少的只有几十万。盛大公司收购起点中文网，是为助力它的“网络迪斯尼”梦想，它希望建立一个涵盖游戏、文学、影音等各种娱乐形式的网络体系，它收购新浪的目的也在于此。

然而盛大公司急功近利的做法是它的一大隐患，许多用户指责盛大收购起点之后实行了不顾用户利益的改革措施，把 VIP 制度一切不尽如人意之处都归罪于盛大。据说在2004年年底，网络快餐文学的第二大旗帜——幻剑书盟也收到了盛大的收购意向书，但最终没有达成协议。最大的迷惑是网络文学在盛大的版图中究竟处于什么地位？它想创造一条稳定的网络文学盈利模式，还是仅仅想借助网络文学的人气，为网络游戏事业添砖加瓦？毫不夸张地说，盛大的战略选择将决定中国VIP文学网站未来几年的走势。

起点的VIP制度做得红红火火，幻剑、翠微居、天逸等网站也先后跟进，大陆经营VIP小说的网站已经达到十多家。但是VIP制度面临的最大敌人仍然是网络盗版，现在的网络盗版已经呈现集团化、程序化趋势，集中体现为“盗贴”和“盗打”；所谓盗贴就是将VIP章节的图片贴到其他网站，所谓盗打就是手工把VIP章节打出来，这是无法用技术手段克服的盗版方式。当盗打者结合成一个团体，有分工、有计划地进行盗打时，其效率足以令人震惊，著名网络小说VIP章节几乎都会在发布之后的几小时内被盗打。

进入2005年以来，国家打击网络盗版的力度加强，但要想根除网络盗版还有很长的路要走。与此同时，虽然VIP订阅费用已由千字3分降到千字2分，但读者仍然认为价格太高。有的读者称：“千字2分意味着100万字的小说要花20元，这个价格虽然低于实体书，但网络阅读的舒适程度无法与实体书相比拟。”起点的VIP作品目前订阅量最高的大致为7000个订阅，最低的作品只有个位数的订阅，绝大部分作品的订阅量都在1000个以下。1000个订阅意味着什么？如果订阅费用是每千字2分，1000个订阅只能带来千字20元的收入，即使按照目前最优厚的“三七分成”，作者的稿酬也只有千字14元，比传统媒体的稿酬低很多。幻剑书盟、天逸文学等网站的VIP订阅量则更低，只有起点的一半左右。起点目前一共有550多部VIP作品，按照平均订阅量600计算，总订阅量应为33万人次；如果每部作品每年的VIP章节平均有30万字，则这些VIP章节带来的年收入应该在200万元左右(其中网站只能分得30%)，这个数字是不足以让人满意的。VIP文学网站的VIP订阅人数和免费读者人数差距非常大，VIP章节订阅与免费章节阅读的比例大致在1比5到1比10之间，也就是每5到10个免费读者中才有1个人成为VIP读者。剩下的免费读者很多都是在看网络盗版。这些读者哪怕只有1/5加入VIP会员，都可以使网站和作者的收益大幅度提高。

VIP 作品在网上被盗版，一般作者还可以忍受，因为大部分作者在网上写小说只是“玩票”，没有赚大钱的想法。但对于有希望出版实体书的作者来说，网络盗版必然伴随着实体书盗版，这些盗版书会给实体书销售带来极大的阻碍。所以，某些知名作者害怕在网上发表作品，宁可不赚 VIP 稿费，也要杜绝实体书盗版。网络盗版与实体书盗版就这样形成了一个解不开的恶性循环。起点、幻剑等网站的管理人员也认为，国家加大盗版打击力度是使 VIP 收入增加的关键。2004 年国家在南方沿海查抄了大量盗版印刷厂，这是值得庆祝的。即使网络盗版不能得到有效遏制，大部分 VIP 网站对未来盈利能力还是很乐观，盛大网络游戏就是一个例子——它代理的《传奇》网络游戏在中国有许多私服，这些私服都是侵蚀盛大收入的黑洞，但盛大仍然取得了可观的利润。中国的网络市场已经足够大，大到可以容纳一部分盗版的存在而不对正版 VIP 网站构成生存威胁。

现在 VIP 文学网站又面临着一个新的威胁——大陆幻想类书籍及杂志出版开始蓬勃发展，著名的幻想小说杂志如《科幻世界奇幻版》已经有相当规模，许多优秀作者转向这些杂志投稿。严格地说，幻想类杂志的读者群和 VIP 文学网站的读者群并不完全重叠，前者强调艺术性并以中短篇为主，后者强调娱乐性并以长篇为主，但实体杂志肯定会分去 VIP 文学网站一部分收入。遗憾的是，目前还没有一家 VIP 文学网站拥有自己的实体杂志，即使国家政策允许，它们的财力和编辑能力也难以满足出版杂志的需要。

在目前“电子书”和“实体书”实现了前所未有的融合。接近实体书的电子书阅读器正在迅速发展，各种各样人性化的阅读器正在兴起，使电子书阅读逐渐向“全方位、全天候”发展。电子书阅读器配合无线、3G 可以随时从远程服务器上下载电子书。最终，电子书有望继承实体书的所有优点，成为一种外观类似实体书的新型出版物。目前，电子书阅读器的价格已经非常低廉，大有逐渐淘汰传统的实体书，使出版市场完全进入无纸化的趋势。在电子书的时代里，VIP 文学网站和实体书出版社、杂志社将没有本质上的区别，它们出售的都是电子书的拷贝版，只是目标人群不一样而已。在这个崭新的市场环境中，VIP

文学网站将占据比较有利的战略地位，因为它的电子书技术水平、营销经验已经比较成熟，也没有实体书利益的包袱，可以大胆地将主要精力投入到电子书市场的开拓中。

【案例解读】

网络快餐文学的VIP制度，只是开拓网络传媒盈利模式的一个方面，未来的VIP网站绝不会把经营范围仅仅局限在小说上。在文学体裁之外，动漫、影音等文艺作品在网上也具备强大的生命力和市场潜力，如果网络小说可以通过VIP获得稳定的盈利，那么动漫、影音作品也完全可以。当网络传媒不依赖广告费为主要收入来源，而是直接用电子出版物交换用户的金钱的时候，它就变成了一家电子商务公司，从而使网络传媒与电子商务实现完美的融合。这可能会使“网络共享主义者”感到不满，因为它会破坏互联网免费的宗旨，但这是历史发展的必然趋势。

目前，网络“免费资源”盛行的局面，从网络小说的盗贴到流行歌曲的免费下载，从影视资源到商业软件和游戏的下载，都是对他人知识产权的非法侵占。从中国加入WTO之后，国家逐渐加大打击网络盗版的力度，网络知识产权保护总有一天会深入人心，“网络共享主义”最终将会没落。即使所有类型的网络资源都开始收费了，网络传媒的共享性仍然不会被完全破坏，它的共享程度仍然远远高于一切传统媒体，我们仍然能够在互联网上享受非常巨大的自由。网络传媒的全方位商业化会激励作者的创作热情，把更多更好的传媒资源带给我们，这将是一个互惠互利的局面，也将是互联网发展的真正黄金时期。

思考题

1. 阿里巴巴的成功得益于哪些运营模式？

2. 盛大网络的营销方式有哪些？

3. 网络文学应该如何经营才能走出一条属于自己的路？

第五章　动漫类经营管理经典案例解读

■ 本章提示

随着计算机技术的发展进步，动漫业得到了长足的进步。尤其是近年来，国内外动漫市场火热异常，动漫产业已经成为炙手可热的“香饽饽”。我国政府也出台了相关政策，大力扶植动漫产业。2007年4月，国务院办公厅转发了财政部等部门《关于推动我国动漫产业发展的若干意见》。但是我国的动漫教育和人才培养、动漫产业基地建设、动漫国际交流等方面与国际先进水平还有一定差距，仍然需要各方的大力投入与支持。

第一节　动漫创作类案例及解读

一、概述

近年来，中国动漫产业数量大幅攀升，动漫产业链不断延伸，产业产值从10年前接近100亿元，发展至2010年的470.84亿元，年均增长约37%。动漫产业是一个复合型产业，需要整合从创作到零售终端等每一个产业。而在这条产业链上，最重要的则是内容生产、播出推广与市场运营三大环节。

二、蓝猫:“迪斯尼+沃尔玛+耐克”经营管理模式

“蓝猫”是中国目前唯一的,也是第一个卡通驰名商标。三辰卡通集团有限公司(简称三辰卡通)作为蓝猫系列产品的出品商,是中国动漫业目前少数盈利的企业之一。这在国产卡通普遍不景气的大环境下,不能不说是一个商业奇迹。这与三辰卡通出色的经营管理是密不可分的。但是最重要的还是推动相关衍生产业的发展策略,即“迪斯尼+沃尔玛+耐克”策略——采用迪斯尼的品牌授权,让专卖店像沃尔玛一样销售蓝猫的相关产品,像耐克那样做一些带设计理念的采购和加工。

三辰卡通在授权产品方面分两步进行,第一步是直接衍生产品的开发,例如出版物;第二步是形象授权。在迪斯尼授权经营的基础上,三辰卡通创造性地提出了多头参与的方式,即不只是停留在收取版权费的层面,而是参与到授权产品的生产和销售渠道建设的每一步,成功打造了一条“卡通形象—品牌商标—生产供应—整合营销”的成熟产业链条,为“蓝猫”产品体系的系统化奠定了基础。

三辰卡通已经在全国200个地区设置了代理,发展超过2400家加盟专卖店,覆盖了全国近95%的地级城市。同时在北京设立了营销策划中心,在上海建立了产品研发中心,在浙江义乌建立了物流配送中心。这和沃尔玛通过连锁经营使管理、交易、物流成本达到最低的理念相一致。一个以“蓝猫”产品销售为中心的全国性的庞大销售网络逐渐浮出水面,成为国内最大的儿童消费品销售渠道网络。为成熟的产业链条提供了最佳的商业运作模式。

耐克通过采购发包模式达到采购质量和产品加工最优组合,三辰卡通充分体会到了耐克在采购方面的创新并为己用,使产品在具有高质量的同时具有较低的成本。同时也使得其在市场上的价格具有一定的竞争优势,性价比较高。

三辰卡通通过整合迪斯尼、沃尔玛、耐克的竞争优势,结合本企业的实际情况,进行选择性的利用,并加以创新,形成符合自身实际情况的经营体系,为“蓝猫”的品牌树立和延伸奠定了坚实的基础。

当然作为一个出色的企业,正确的策略只是其成功的一部分,与众不同的内容和技术上的创新也是不可或缺的。三辰卡通不断发扬教育娱乐化的方针,

使动画的基本创意集卡通和科普知识于一体，寓教于乐，从而也消除了家长对孩子是否会沉溺于动画片而荒废学业的担忧，使得受众不断扩大。同时采用科技创新，利用信息技术充分实现了动画制作过程的网络化和电子化，并率先采用流水作业性的艺术创作过程，效率比传统工艺高16倍，大大缩短了动画片的制作时间和制作成本。

【案例解读】

“蓝猫”确实是中国为数不多的优秀动漫品牌形象，其成功之处应归功为以下几点：

第一，“蓝猫”在内容上满足了当今青少年科普教育的需求，也填补了我国动漫产业在此领域的空白，非常具有前瞻性。

第二，“蓝猫”选择的是大众化、平民化的文化定位与技术路线，通过技术创新，利用电脑等设备使得动画在制作过程中以较低的成本获得了较高的效率，有效地控制了成本，为其塑造规模化的品牌效应奠定了基础，同时也为其聚集了巨大的人气。

第三，依托动漫品牌进行周边产品的开发，采用正确的经营管理模式。“蓝猫”独有的多头参与的授权经营方式把产品的上游、中游、下游紧密地联系在一起，形成完整的产业链。同时利用沃尔玛惯用的连锁店模式建立产品终端和营销渠道，这样做既可以维护品牌形象，又可以实现迅速扩张。基于中国的国情，“蓝猫”选择了电视作为品牌传播的主战场，采取先地方台后中央台的播放方式，形成了一个多级重叠、长期稳定的播出网络。

第四，注册商标，保护产权，用法律的武器来保护自己的合法权益，显然这是明智的选择。

长期以来，中国的动漫产业由于受到各种束缚而无法与外国强敌竞争，“蓝猫”的成功在产业内具有独一无二的开创性，成为了动漫产业和经营管理方面的经典案例。当然“蓝猫”是否能走得更远、继续它的辉煌还要看它是否能够继续创新科技、创意内容、完善市场运作和保护知识产权。

三、要想在亚洲再看原版《狮子王》要等到10年之后

2006年7月到10月由迪斯尼动画片《狮子王》改编的音乐剧在上海大剧院隆重登场，上海也成为该剧世界巡演中第一个上演英文原版的非英语城市和唯一的亚洲城市。当时的上海注定不平静。上演三个月来票房收入喜人，观众的热情高涨，取得了丰厚的利润。《狮子王》为什么会选择在上海这样的一个城市演出呢？这是因为承办方上海大剧院勇于大胆突破。

第一，剧院破除了以前利用自有资本运营的传统模式，改为从银行贷款、吸收社会资金共同参与运营的新方法。这既降低了现金流的压力，又增强了资本实力，为《狮子王》这样一部蜚声全球，出场费昂贵的大制作提供了登陆的可能性。

第二，采用多渠道的宣传方式，采取“海、陆、空”全方位、立体传播，从高架桥宣传到地铁走廊；从公交车上到高档酒店里，《狮子王》的宣传可以说是渗透到了生活的各个方面，加以高调突出“英文原版”、“亚洲首演”、“要想在亚洲再看原版《狮子王》要等到10年之后”、“世界巡演唯一的亚洲城市”等这些富有煽动性的广告语和卖点，相信无论谁看到这些都会心动。

另外，主办方除了在外在宣传上下了大功夫，《狮子王》本身的魅力也是十分令人折服的。音乐剧以“亲情—友情—爱情”作为主线，扩大了受众范围，使得几乎任何一个年龄阶段的人都可以与其产生共鸣。《狮子王》的舞台效果也是绚丽多彩的，利用震撼人心的音乐故事和波澜壮阔且生动逼真的丛林效果，大大增强了舞台的视觉冲击力。演员们戴上剧中动物的道具和饰物，穿梭在这形象逼真的舞台上演绎着一个扣人心弦的故事。

据计算，为该剧制作的超过232个木偶道具要用33个集装箱才能装得下，3架波音货机才运得完。剧中的演员以“半人半兽”的形式演出，使得音乐剧版的《狮子王》中所有的角色都具备了双重特征，即社会性和动物性，这样的演出形式既具有视觉感染力又寓意深刻，发人深省。整剧平均每三分钟就可以带给观众一个惊喜，还融入了一些上海本土化的情节，比如“襄阳路市场的旧布帘”这些为上海人所熟识的元素都融在了剧中，拉近了与观众的距离并很容易使观

众产生共鸣，为贴近观众做了很好的渲染和烘托。

《狮子王》音乐剧的成功是艺术渗透到物质商品和经营管理中的一个优秀典范，即文化产业。人们已经将重点从物质商品的使用价值和交换价值转移到了商品的符号价值上。《狮子王》很好地把握了这个发展趋势，使一个经典的故事变成了一种文化和符号，一种成功经营管理的典范。

【案例解读】

《狮子王》是一部不可多得的优秀作品，音乐剧版的《狮子王》更是为人们所喜爱。在上海上演的音乐剧《狮子王》更是创下了高票房和高利润的良好成绩。从中我们不只慨叹《狮子王》本身的魅力，更重要的是看到上海大剧院在这次引入《狮子王》中的过人气魄、高瞻远瞩的眼光和出色的经营管理。

引进音乐剧，又是如此之大的英文版音乐剧对于上海大剧院来说要担负非常大的风险。首先就是高额的出场费。当时的《狮子王》风靡全球，要价惊人。高额的要价不但提高了引入成本，而且也增加了票房压力。其次是能否被消费市场所认可的问题。音乐剧在我国的发展还属于初级阶段，没有形成一个固定的消费群，在消费习惯和认知上与欧美这些成熟的市场还有非常大的差距，这种新鲜事物能否为国人所接受还存在很大的疑问。

在资金风险和市场风险的双重压力下，上海大剧院并没有退却，而是采用借力造势和系统宣传的新手段、新渠道，有效地解决了这两个问题。通过借助外力筹措资金，采用整合式、系统化的广告宣传模式把引入《狮子王》的风险降到最低，从剧院的宣传中可以看出大创意、大营销的传播时代已经到来。

上海大剧院很好地把握住了市场脉搏，即概念消费。它和文化产业有相似之处，都强调消费品本身是一种无形的精神表现，这是现在的发展趋势。音乐剧院作为人们心目中的高档、文雅场所，进入这个场所消费对于很多人来说是一种品位和身份的象征，这已经超出了欣赏节目本身的价值。同时在各种媒体宣传的配合下，《狮子王》不再是一部优秀的音乐剧，而是时尚的代名词，为它消费也是时尚个性的一种体现。如此精妙地把握了消费心理怎能不成功?

第二节　动漫出版物类案例及解读

一、概述

目前动漫出版物当中，规模最大、影响力最大的就是图书。一位来自图书界的人士说，动漫图书相对音像制品、游戏等有其特殊性，就是成本投入相对要小一些，这是目前动漫图书出版的发展要好于其他门类的重要原因。据统计，目前我国市场上动漫期刊不过20余种，其中还有一部分是靠介绍日韩动漫信息吸引读者的。动漫出版物作为漫画传播的平台，具有非同寻常的作用，但动漫期刊投资大、运营难，很多出版单位都不敢轻易涉足。

二、由小鹿芮卡看原创动漫经营

立足于儿童启蒙教育，河北教育出版社经过大量的市场调研和严谨的专家论证，打造了“小鹿芮卡”原创动漫品牌。通过动漫多媒体教学产品在幼儿园的广泛应用来搭建推广渠道，并借助于课程的普及，通过市场化操作的幼儿品牌图书出版、动画片制作以及网络服务助推品牌的发展与完善，凭借成熟的渠道催生幼儿园学具、玩具、日常用品及幼儿园园服等衍生产品的开发，实现集动漫研、产、销于一体的产业化大发展。同时，它还前瞻性地将动漫融入到教学当中，以创新的思路和设想来实施品牌战略，这不仅打破了传统模式，更开拓出了我国动漫产业向前发展的新途径。

2011年，由文化部、国家广电总局、新闻出版总署联合启动的“2011国家动漫精品工程”评选工作，经过层层评审，确定了拟获扶持的名单。河北省的“小鹿芮卡”原创动漫项目荣获动漫出版物类精品项目工程奖，这也是河北动漫教育唯一获此殊荣的项目。“国家动漫精品工程”是为贯彻落实《文化产业振兴规划》和《国务院办公厅转发财政部等部门关于推动我国动漫产业发展若干意见的通知》，促进我国动漫产业发展的一项大型工程，通过申报和评审等流程，选出拟扶持和资助的动漫精品项目，它包含动漫项目的创作、生产、推广和传播等，以推动动漫产品进一步品牌化、市场化和产业化发展。“2011 国家动漫精品工程”动漫产品公示名单分为动画电影、动画电视、漫画、动漫出版物、新媒体动漫、动漫演出产品、动漫形象等几大类。河北省的“小鹿芮卡”原创动漫项目就入选在动漫出版物类别中。

“小鹿芮卡”不仅在国内赢得了广泛好评，而且还成功地走出了国门，致力于打造华人动漫幼教的知名品牌，开拓了国产动漫走出国门的新天地。2011 年 9 月 2 日，《芮卡轻松学音乐》、《芮卡全景阅读》、《芮卡快乐诵读与口才表演》等三款课程软件及其配套产品，在第十八届北京国际图书博览会上同马来西亚、新加坡、泰国、印度尼西亚、中国台湾和香港六个国家与地区成功签订了 14 种 102 册的版权输出协议，成为河北省此次参展版权签署最多协议的项目。

“动漫”是一个很广义的概念，但现在人们一提到动漫首先想到的就是动画片和动漫游戏，这个观点是片面的、很不准确的。其实，动漫包含的范围非常广泛，几乎涵盖了所有能够与动漫形象形成产业关联度的环节。幼儿园的教学课程可开发成与视听、互动相结合的动漫多媒体课件，把孩子们喜欢看的动画片、喜欢玩的互动游戏等融入课程当中；让原本枯燥的课程学习通过动漫多媒体视觉、听觉的体验和感受变得更加直观、趣味和形象；让儿童更加容易理解和接纳，从而极大增强孩子对于课程内容的理解和学习兴趣，这是未来教育的发展方向。“小鹿芮卡”原创动漫项目就是遵循这一市场发展规律，着力引领动漫幼教行业不断向前发展的。

另外，这个项目与传统意义上的动漫产业发展思路是逆向的，完全不同于目前国内常规动漫项目单一动画片或游戏的项目运作方式。传统动漫是单环节操作，待动画片火了后才启动相关衍生品及读物；而“小鹿芮卡”原创动漫项目则是将动漫多媒体教学软件同幼儿读物和教材绑定，将互动性强的产品同时推向市场，这样既避免了投资的风险，又有利于品牌的打造，而且还拥有巨大的市场发展前景和操作空间。

纵观国内外成功的经典案例和国外动漫发达国家的产业化发展轨迹，结合我国动漫发展现状，国产原创动漫产业要想得到长足的发展，就需要打造一个自己的、有民族文化或地域文化符号的特色品牌，并利用我们国家人口多、市场潜力大的特点，加快动漫产业的发展。一方面，相比国外的品牌，“小鹿芮卡”更贴近我国幼儿教育的发展特色，更贴近孩子们的生活和习惯。另一方面，“小鹿芮卡”本着“服务教育，服务社会”的宗旨，在产品定价上是偏低的，而且现在“小鹿芮卡”的软件是免费给幼儿园的，并免费为幼儿园教师进行培训，就是为了塑造这个品牌。

经过几年的努力，目前开发完成的几款系列“小鹿芮卡”动漫幼教课程体系及其配套产品，在幼教行业都很具有代表性。在很多幼儿园刚开始关注和运用多媒体开展教学的今天，“小鹿芮卡”已经站在了市场的前沿。“小鹿芮卡”之所以用“小鹿”作为原创动漫项目主打的动漫形象，是源于“鹿”在我们中国的民间传说中的瑞兽形象，它象征着吉祥和平；并且在河北省有许多县、市以“鹿”为地方名称，有些地名还不乏流传着悠久的神话故事，“小鹿芮卡”也由此拉近了与消费者的距离。

“小鹿芮卡”系列产品中，芮卡的语言类课程反响最好，原因是现在很多国家都流行学汉语，虽然“小鹿芮卡”的课程是面向国内 3～6 岁的孩子们，但在国外，这些课程也很适合成人，他们很喜欢这种动漫式的互动教学。另外，《芮卡轻松学音乐》等其他产品各具特色，且更少牵涉语言的限制，正是这些优质的内容和良好的市场前景吸引了国外从事相关产业的文化经销商的目光，使其具有了国际输出的实力。

【案例解读】

“小鹿芮卡”项目可谓是在常规操作思路上探寻出的另辟蹊径的一种做法，是从自己最擅长的教育着手，找准了幼教市场这一领域，其前景是广阔的，商机是无限的。

“小鹿芮卡”原创动漫项目，除了通过创新动漫多媒体课程及配套产品的推出来塑造“小鹿芮卡”动漫幼教品牌外，市场化的“小鹿芮卡”品牌图书的投放、动画片的播出以及网络平台服务等设想和举措，都对“小鹿芮卡”的品牌完善起到了积极的推动作用。这种创意，是“小鹿芮卡”原创动漫项目的创新之举，也是完全区别于常规动漫项目操作模式的一种全新的体验和尝试。

目前，“小鹿芮卡”动漫幼教产品在同行业中已经具备了一定的品牌知名度和影响力。河北教育出版社也正在筹建以城市代理商为推广服务核心、以幼儿园为消费终端的“小鹿芮卡”全国市场网络。通过幼教领域，“小鹿芮卡”将真正实现动漫品牌的产业化运营。

第三节　动漫玩具等关联产业类案例及解读

一、概述

动漫作为一种文化产品有多种载体或表现平台。以“动漫”为核心，衍生了许多与动漫形象有关的服装、玩具、电子游戏等产品的生产和经营。漫画创作是产业的基础，影视动漫是产业的传播工具，动漫舞台剧是产业的延展和提升，网络动漫是产业在新技术条件下的运用，具有拉动和整合作用。此外，还有游戏、玩具等周边产品的开发。这几个环节是相互依存、互为拉动的关系。美日等国经过几十年的发展，已形成了完整的产业链。我国由于发展起步较晚，以及一些客观原因，动漫产业还未形成完整和良好的产业链。

二、米老鼠“轮次收入”的经营管理

众所周知，迪斯尼的成功源于可爱的米老鼠动画片的成功，而在以后的发展中，迪斯尼可不仅仅靠米老鼠这一棵摇钱树挣钱了。从开始成立、发展到现在，迪斯尼的业务主要可以分为三大部分：影视娱乐、主题公园、消费品和网络媒体。其盈利模式被业界称为“轮次收入”，即先以迪斯尼的动画制作为源头，通过发行录影带和拷贝的票房赚进第一轮收入，这一轮次的收入是由迪斯尼的影视娱乐部门创造的；然后是主题公园，每放一部动画片就在主题公园中增加一个相应的新人物，吸引观众去参观游览主题公园，成为主题公园创收的一大环节；紧接着是以迪斯尼自身开发的消费品与迪斯尼品牌授权和卡通形象授权

的消费品作为一轮收入。

其实作为动漫的衍生产业，其利润空间和表现形式都是极具潜力的。迪斯尼就发挥了很好的创意，把这条产业链进行了很好的经营管理，建立了近乎完美的商业模式，并为其带来了丰厚的利润。当然作为在动漫产业中的公司，很多公司都会在动漫周边产品上下功夫，但是迪斯尼和其他一般企业最大的区别，也可以说是领先之处就是其大手笔、大创意、大动作地建造了专属于迪斯尼的主题游乐园。

面对多数公园设施陈旧、服务态度恶劣、环境卫生不佳的现状，沃尔特·迪斯尼决定创建一个运用动画片中的刺激、色彩、梦幻等表现手法与游乐园的功能相结合的乐园，以填补这个市场空白。1955 年，世界上第一个具有现代意义的主题公园——洛杉矶迪斯尼乐园终于被推出。这个乐园获得了空前的成功，开园仅 7 周，就有 100 万游客光顾，甚至连到美国访问的外国元首都纷纷慕名而来，4 年间共接待游客逾 1500 万。

20 世纪 80 年代，经过日本人不懈的努力，迪斯尼公司终于同意在东京的千叶县建立迪斯尼乐园，这是亚洲第一个同时也是世界上最大的迪斯尼乐园。为了防范风险，这次迪斯尼采取的是保守的授权经营，即授权日本人自己经营，授权费是门票收入的 10％和其他收入的 5％。1984 年 4 月，东京迪斯尼乐园开园。截至 2002 年 11 月，东京迪斯尼乐园已经迎接了共计 3 亿名游客。该园在 1994 到 2000 年的六年中，游客的总量持续高于美国本土的迪斯尼乐园。因为授权经营所获得的利润有限，东京迪斯尼的成功使得迪斯尼公司在利润上遭受了不小的损失。

于是在吸取了东京迪斯尼的经验教训后，迪斯尼公司又在欧洲兴建了主题乐园，但是收益却也并不理想。然而迪斯尼公司并没有气馁，决心在第三个海外乐园取得成功——中国香港迪斯尼乐园。经过与中国香港特区政府的艰苦谈判，迪斯尼以较小的代价获得了 43％的股份，中国香港特区政府考虑到可以缓解就业压力，同意提供 29 亿美元的投资和免费兴建相关配套设施换得 57％的股权。

虽然现在迪斯尼乐园的经营状况并不乐观，但是乐园收入仍是迪斯尼公司相对稳定、风险相对较小的一环，也是重要的收入来源。

【案例解读】

迪斯尼在某种程度上已经成为了一个传奇，是其他动漫企业所不能比拟的。迪斯尼已经建立起来了一条成熟的、完善的、有序的、科学的动漫周边产业链条。作为唯一拥有自己主题乐园的“动漫大鳄”，其创意经营模式还是有很多可圈可点的地方的。

迪斯尼第一个主题乐园之所以能够获得成功，是因为它是建立在了解市场，填补空缺基础上的——为需求而兴建的乐园一定会成功。接下来对于日本迪斯尼乐园，则采用了一种“本土化”的策略，授权经营，只收取授权费用。这是一个很好的方法，因为只有自己国家的人了解本国人民需要什么，这是一个可行性很高的海外战略。然而接下来令迪斯尼没有想到的是，东京迪斯尼乐园火爆异常，其授权所得收入与东京迪斯尼乐园的实际收入相比少得可怜。于是迪斯尼做了一个不明智的决定，在欧洲建立第二家海外乐园。但因其没有做好市场调研和分析，又不了解当地的风俗习惯，所以使得迪斯尼再次遭遇了“滑铁卢”。

欧洲迪斯尼乐园遭遇失败的原因主要有两个：第一，在餐厅中不提供红酒，这让以浪漫情怀著称的法国人无法接受；第二，消费水平较高，当时的欧洲经济正处在低迷状态，迪斯尼的收费相对偏高。其实这些失误都是可以在充分了解、考察和调研市场后避免的，但是迪斯尼却因为太急于求成，太希望获利，从而忽略了这些细节的东西，这是得不偿失的。

迪斯尼是动漫产业里历史比较长的公司，同时也是个开拓者，它的很多经验和教训都是非常具有代表性和教育意义的。在中国，动漫产业起步比较晚，发展得也比较缓慢，利润更是少得可怜。这里既有主观问题，也有客观问题。国内只有很少几个动漫企业是盈利的，笔者认为总体原因是动漫的周边产业做得不到位，还没有形成一个产业链条。迪斯尼独具创意的“轮次收入”是典型的动漫周边产业的商业模式，是非常值得我们国内动漫企业学习和借鉴的。

三、口袋妖怪:值得我们借鉴的日本动漫

日本出版业巨头——小学馆,应该是漫画爱好者们最熟悉的出版社之一,其漫画销售额世界排名第 11 位。小学馆出版发行了很多脍炙人口的漫画,例如家喻户晓的《名侦探柯南》、《哆啦 A 梦》等,都是小学馆旗下漫画大师的手笔。随着这些畅销漫画的流行,也造就了一批为人们所喜爱的卡通明星,像《哆啦 A 梦》中的机器猫、《名侦探柯南》中的柯南都是拥有非常高人气的偶像卡通人物。在小学馆设计制作的众多的卡通偶像之中还有一个很特别的卡通形象——皮卡丘。之所以特别是因为皮卡丘形象本身是一个怪物,在真实的社会中并没有其原型,然而就是这样一个完全虚构出来的形象却在投放市场后取得了极大的成功。其原因就在于皮卡丘十分精妙的周边产品制作。

熟悉《宠物小精灵》的朋友都知道,"小精灵"在变身前被存放在一个圆形的小容器——"精灵蛋"内。在动画片中,主人公("小精灵"的拥有者)可以把这些"小精灵"放在自己的兜里,在遇到敌人的时候可以及时拿出它们,然后"小精灵"就能变身成为大的"精灵战士"进行战斗。根据这个故事情节,《宠物小精灵》开发了一种与动画片中的"精灵蛋"完全相同的周边产品——口袋妖怪游戏。这是一款养成游戏,由任天堂公司开发。游戏中每一个口袋妖怪都对应着动画片中的一个"小精灵"形象,并附有关于该种口袋怪物小资料的简介,其中包括口袋怪物的基础资料、种族值、升级技能、机器习得、定点技能。通过这些资料,玩家可以充分了解自己的口袋妖怪。游戏模式也是仿照动画片的情节来设计的,使玩家有一种身临其境的感觉。

《宠物小精灵》中"精灵"种类的不断更新和增加,口袋怪物的种类也随之同步更新,玩家可以根据自己的即时喜好不断增加自己驯养的口袋怪物。现在,《宠物小精灵》中的"小精灵"已经多达 493 个,并且还在继续增加。如此庞大的"精灵家族",其市场前景是非常光明的。

《宠物小精灵》的周边产品创新取得了巨大的成功。作为一个完全幻想出来的卡通形象,《宠物小精灵》开始可能并不会让观众产生广泛认同,只有通过一些手段让观众融入故事中去才能逐步获得市场。《宠物小精灵》并没有搬用

先播放卡通剧再售卖卡通衍生产品的老模式，而是同步推向市场，而且制作和发行采取了分离的策略，即卡通片的制作是小学馆，而游戏的发行则是由任天堂公司来完成。在卡通剧热播的同时，发行公司将模拟剧中背景的游戏推向市场，通过游戏让玩家以主人公的身份来演绎这个虚幻的世界，从而进一步拉近了与受众之间的距离。

【案例解读】

目前，日本的漫画业已经是一个发展极其成熟和完备的产业，它实行的是产销分离的经营模式，即动漫的制作和营销完全分离，由市场的筛选机制来规避动漫产业的风险。首先，一部原创动漫故事通过杂志连载，反响良好后发行单行本。在单行本热卖后进入动画制作的阶段。与此同时，与该动漫相关的各种周边产业也一起启动，开始大规模地宣传推广。这样的市场推广和经营方式可以给买方市场足够的空间和时间来选择其喜欢的动漫产品，是一种非常科学、合理的动漫运作方式。

在中国，这种先进的运营方式还没有被广泛地应用到实践中去，很多人形容中国的动漫是“一流的技术，二流的情结，三流的宣传”。这恰恰与动漫产业的初衷和核心即商业化的运作是背道而驰的。包括文化产业在内的任何一个产业都是要通过商业经营来创造利润的，利润对于一个行业来说就好比植物的养分，没有了“养分”的行业是无法成长和发展的。这个道理同样适用于动漫业。艺术水准固然重要，但是如果没有商业化的运作，艺术品只能被束之高阁。实践证明，市场上不需要纯艺术品，而是需要一种大众化的文化消费品。这就需要我们不仅仅要在动画本身下功夫，对其连带的衍生产品也应该给予重视，因为这是一个重要的获利来源。口袋怪兽就是一个很好的例子。它不仅是一个周边游戏衍生物，同时还是虚幻的动画片与真实的观众之间的联系纽带。

《宠物小精灵》的成功和相关周边产品的热卖并不是一个偶然现象，而是在一个高度发达的市场中的必然。中国的动漫企业能否从这个必然中解读商业化经营管理的重要性，将会对未来中国动漫行业的发展产生深远的影响。

思考题

1. 蓝猫的经营模式有哪些先进性？
2. 动漫改编经营的侧重点是什么？
3. 如何来经营原创动漫？
4. 我国需向国外先进动漫借鉴哪些经营理念？

第六章　表演艺术类经营管理经典案例解读

本章提示

英国著名表演艺术大师亨利·欧文在论及什么是戏剧表演艺术时说："这种艺术体现诗人的创造并赋予诗人的创作以血肉，它使剧里扣人心弦的形象活现在舞台上。"诗人的创作也就是剧作家所写的剧本。因此，表演艺术是演员在剧作家所创造的文学形象的基础上，创造出有血有肉的活生生的舞台人物形象的艺术。表演艺术作为文化产业的重要组成部分，其兴衰与经营管理的关系密不可分。

第一节　小品、戏剧类案例及解读

一、概述

小品、戏剧是一种群体性的艺术活动，也是一项社会的文化产业，因而它自始至终都离不开各种经营管理活动。例如，接受有关政府部门的领导与管理，与社会众多文化系统加强联系，协调艺术生产与文化市场的关系，理顺生产、传播、消费之间的渠道等等。在剧本创作、排练、演出直至演出评论这个全过程中，艺术活动的指挥、协调与管理，以及非艺术性的经营都同样重要。维持艺术活动全过程中的各种非艺术性的活动或维护设施,如剧场建筑、财经管理、后勤服务、宣传广告、技术改革、卫生制度、安全措施等都是文化产业的范畴。

二、越拧越有味的"麻花":看系列贺岁话剧《开心麻花》的娱乐营销

2003年,北京自由元素影视文化传播有限公司推出了何炅、谢娜等人主演的贺岁话剧《想吃麻花现给你拧》。它没有独特的故事和大牌的编导,没有专业的演员,也没有高成本的制作。它看似是一个并不是很有前途的舞台剧,但令人没有想到的是这根"麻花"竟然连续拧了五年。五年间该公司又出品了五部《开心麻花》系列剧,演出了几百场,每一场都火爆异常。根据有关数据统计,《开心麻花》累计观众达160余万人次。更有人说,北京有三分之一的白领看过"麻花"系列剧。"开心麻花"已经成为一个独特的文化品牌,成为年终岁末都市里一道时尚的文化大餐。

究竟是什么魔力使这根"麻花"这么让人着迷呢?

首先,《开心麻花》有十分准确的定位,那就是——娱乐大众。《开心麻花》的宗旨就是:"把所有灌输意义的固体都过滤掉,最后留下的纯液体,叫快乐。简称纯娱乐。"从第一部开始,"麻花"就把搞笑和无厘头作为自己的路线,没有深刻的大道理、没有故作深沉、没有悲情也没有曲折,有的是幽默风趣的台词、夸张丰富的肢体语言,还有熟悉的娱乐事件和不断抖出的"包袱"。每一场演出,剧场里都充斥着观众的笑声和掌声。现代都市人生活节奏快、压力大,在辛苦忙碌了一整年后,能有这样一个开怀大笑的机会,谁会不乐意接受呢?

另一个让《开心麻花》火爆没商量的理由,也是它的最大特色之一就是调侃一切热点娱乐事件、开涮所有热门娱乐人物。最典型的就是《开心麻花2007·疯狂的石头》中,把电影《疯狂的石头》搬上了话剧舞台。还有如大片《夜宴》、超女PK、黄健翔、杨二车娜姆等也都纷纷成为当年"拧麻花"的素材。《开心麻花》能从每个热点现象里拧出油来,对这些你已经耳熟能详的娱乐事件或娱乐人物重新包装,加入幽默、搞笑与调侃,再呈现在你面前,话题不陌生,又有很强的喜剧效果。

在选择演员方面《开心麻花》也有其独到之处。"麻花"里并没有专业的话

剧演员，而是由一些主持人或歌星等来担任主角。如《麻花 III·人在江湖飘》就选定了北京交通台《一路畅通》节目女主持人李莉和零点乐队主唱周晓鸥。歌手林依轮也出现在《麻花 II·情流感》里，甚至在《开心麻花 2006·逗地主》里还邀请到了网络红人“后舍男生”。这些“业余演员”的名气为市场打下了良好的基础，而他们不拘一格的表演也给舞台带来了生机和活力，带给观众耳目一新的感觉。

另外，新的戏剧营销模式也是“麻花”成功的重要因素之一。“麻花”的制作方——自由元素戏剧工厂十分重视与观众的互动。他们在新浪网上开了“麻花”博客，同时还大力发展“麻花”俱乐部会员，任何一个看过《开心麻花》的观众只要留下电子邮箱和通信方式就能成为会员。制作方每年还会举办针对会员的优惠活动，至今已发展了 3 万多的“麻团”，而他们正是“麻花”票房的中流砥柱。

【案例解读】

定位于纯娱乐的《开心麻花》开“贺岁舞台剧”之先河，以大学生和青年白领为目标受众，以年度热点为基本素材，以喜剧故事为载体，凭借明星阵容和密集的“包袱”为大众烹制出一道全新的舞台剧大餐。在今天这样一个话剧舞台市场十分不景气的时代，《开心麻花》的成功可以说是非常罕见的。虽然也有人对它抱有怀疑甚至否定的态度，但对于舞台剧来说，观众的掌声和票房才是硬道理。因此任何无视《开心麻花》成功的声音都是苍白无力的。

“麻花”的成功无疑是创意和经营管理的成功，《开心麻花》的整个创作和营销过程都是最好的创意案例。《开心麻花》首创了贺岁舞台剧的概念，以调侃、搞笑的手法盘点一年中的时尚事件，如今这已成为“麻花”的招牌。

《开心麻花》从不拘泥于形式。其实在“麻花”系列火爆的同时，也一直存在着“话剧与非话剧”、“艺术与非艺术”的争论，但“麻花”的创作团体和出品人从不把这种争论放在心上，也许正像出品方的名字一样——“自由元素”“麻花”把音乐、歌舞乃至彩铃等多种元素集合在一起，以达到娱乐大众的目的。

最后值得指出的是，《开心麻花》虽然世俗但并非低俗，虽然取悦大众但并非谄媚大众，虽然“乐搞”但并非“恶搞”，这也是这根“麻花”能越拧越长的原因之一。

三、《牡丹亭》：老剧种的现代经营

昆曲是我国传统戏曲中最古老的剧种之一，经过历代艺术家的精心雕琢与发展完善，已经成为我国传统文化艺术的瑰宝，特别是戏曲艺术中的经典，更是被誉为中国的“百戏之祖”。2001年，昆曲被联合国教科文组织定为“人类口述非物质文化遗产”，并且荣居19项世界文化遗产之首。然而近年来，随着经济发展和社会变革，这种起源于元明时代，又有着600余年历史的戏曲艺术珍品却日渐凋零，到了几近消亡的绝境。然而由台湾著名小说家、“昆曲义工”白先勇先生策划和制作的青春版昆曲《牡丹亭》，却赋予了昆曲这门古老的艺术以青春的生命与耀眼的光芒。

《牡丹亭》是明代大剧作家汤显祖的杰作，也是昆曲的经典作品之一。白先勇先生选取这部扛鼎之作进行改编就是为了让这种经典的艺术能够传唱下去。同时白先生也意识到，要传承就必须有年轻人的加入，演员要年轻化，观众更要年轻化。于是，打青春牌、用年轻演员吸引年轻观众、为年轻人制作一部新昆曲这个念头逐渐在白先勇的脑中形成。恰巧这时苏州昆剧院的院长蔡少华找到了白先勇寻求合作，两人一拍即合，便开始携手打造青春版《牡丹亭》。

在剧本的改编方面，白先勇在不改变汤显祖原著精神的前提下，对新版的《牡丹亭》进行提炼，使其变得更加精简和富有趣味，以便符合年轻人的审美情趣。在演员的选择方面，既然《牡丹亭》讲述的是青春和爱情的故事，那么表演的方式也应该是青春烂漫的。因此青春版《牡丹亭》大胆地选用年轻演员，所有角色全部由年轻演员出演，尽量同剧中人物的年龄相吻合。在制作方面，为两位主角聘请了昆曲名家汪世瑜和张继青做老师。两位老师跨省跨团，用了一年的时间，手把手地把自己的绝活传授给了这两位年轻人，这在昆曲的历史上是绝无仅有的。而青春版《牡丹亭》的服装和美术设计、舞台设计及舞蹈指导也都出自于台湾的名家，力求在视觉效果上达到完美。

这样的精心与苦心并没有白费。自 2004 年在台北首演以来，青春版《牡丹亭》在短短三年的时间里，已巡回香港、澳门、苏州、杭州、北京、天津、佛山等地，演出上百场，且场场成功。每场 3 个多小时的演出不仅没有让观众感觉太长，反而觉得意犹未尽，笑声、掌声、喝彩声不时在剧场里回荡；演出结束时，很多观众还久久不愿离去，雷鸣般的掌声此起彼伏。新版《牡丹亭》不仅在两岸三地获得热烈的反响，还走出国门，在美国进行巡回演出，征服了很多美国的观众。美国戏剧界认为这是自 1929 年梅兰芳赴美巡回演出后，中国传统戏曲的美学对美国文化界、学术界最大的一次冲击。2008 年，青春版《牡丹亭》还登陆了欧洲，继续把昆曲之美推向世界舞台。

【案例解读】

青春版《牡丹亭》的亮点也许无须赘述：台湾知名作家、白崇禧之子白先勇的策划；符合年轻人欣赏习惯的通俗化改编；妙龄演员领衔主演；昆曲名家薪火相传；令人陶醉的视觉效果……它的魅力已经在爆满的上座率和由此引发的昆曲热中得到了充分的验证。

其实，对青春版《牡丹亭》的制作来说，其最大的挑战就是如何将有着半个多世纪历史的古典昆曲艺术同 21 世纪的审美标准相对接，使古老的剧种在现代的舞台上焕发青春。用白先勇先生自己的话说就是："我们的大原则是：尊重古典但并不步步因循古典，利用现代但不滥用现代，可以说是古典为体，现代为用。"

青春版《牡丹亭》一方面充分挖掘原著的艺术资源，以遵循昆曲艺术精神与表现原则为前提，尊重了原著中对爱情的浪漫想象，在演法方面也继承了正宗、正统、正派的昆曲表演，严格地遵守了昆曲传统的念、唱、作。另一方面，在剧本改编、选择演员方面又突出"青春"的元素，在制作中也融入了现代剧场的灯光舞美等概念，以满足观众的视觉要求；整出戏把现代的元素融入古典的架构中，既有古典美又有现代感。就这样，白先勇的新版《牡丹亭》穿越历史时空，把传统的昆曲艺术从博物馆里、教科书中带入到了现代舞台，并赢得了观众的欣赏，这也为昆曲乃至整个古典戏曲的传承带来了新的启示。

第二节　音乐剧、歌舞剧类案例及解读

一、概述

音乐剧作为一门独立的表演艺术在历史上已经诞生了一个多世纪了。它是以戏剧为基石，以音乐为灵感，并以舞蹈的形式表现出来，通过三者结合而产生出的一种全新的娱乐产品。当初只在欧美国家流行的音乐剧，如今在全世界都掀起了音乐剧的狂潮。人们也在不断探究音乐剧的经营管理模式，并致力于音乐剧的推动和发展。

二、原生态文化的经典：走出国门的《云南映象》

由著名舞蹈艺术家杨丽萍主创并领衔主演的《云南映象》是全国首部大型原生态歌舞剧。它从 2003 年 8 月在昆明首演至今，赢得国内外观众广泛的赞誉，成为继《阿诗玛》之后诞生在云南的又一经典力作。

《云南映象》用新锐艺术构思将原生态的云南乡土歌舞精髓和民族舞蹈经典进行全新整合，创造出充满古朴与新意的大型歌舞集锦。它是一部既有传统之美，又有现代之力的舞台经典，展现了云南浓郁的民族风情。业内人士称《云南映象》为“民族舞蹈的再启蒙”。《云南映象》在全国巡演时，每到一地都火爆惊人。而且《云南映象》已成功地叩开了国际商演的大门，进入了国际高端演出市场。

《云南映象》的成功首先得益于新锐的艺术构思。该剧并没有用故事作为结构但却包容了所有故事的内涵。这部歌舞作品囊括了天地自然、人文情怀，人与自然的和谐相处，以及对生命起源的追溯、生命过程的礼赞和生命永恒的期盼。

《云南映象》向人们展现了一个古老神奇、富饶美丽的云南，真实地再现了

浓郁的云南民族风情，自然地展示了云南原生态民族文化。它用抽象、奔放、古朴的肢体语言及最具有血肉的表演状态，表现了云南少数民族的人文和民风民俗，给观众留下了一个多姿多彩的“云南映象”。它用原汁原味、古朴、最富情感的多元民族文化在舞台上建造了一座动态的民间歌舞艺术博物馆。正是这些艺术上的创新构思，使《云南映象》在 2004 年获得了中国专业舞蹈最高奖项——第四届中国舞蹈“荷花奖”十个奖项中的五项，成为这次比赛中的最大赢家。

除了在艺术创作上的匠心独具之外，《云南映象》另一个成功的关键是市场运作。第一，《云南映象》从创作之初就决定要走市场路线。《云南映象》富含原汁原味的云南民族歌舞元素，把“民族区域原生态艺术”作为核心卖点，充分利用“原生态”这个概念，不仅适应了工业化、城市化背景下人们渴望回归自然的心态，而且还向世人展示了东方民族文化的魅力。第二，围绕多样化的市场需求去运转。例如，《云南映象》开发了三个版本，分别用于适应不同的市场要求，准确把握市场的机会。再如在推向国外市场之前，《云南映象》就事先进行改编，以期适应外国观众的欣赏习惯。如此做法使得该剧快速从众多歌舞演出中脱颖而出，有助于形成自身的竞争优势来赢得海外市场。第三，把艺术当成一种文化产品来进行推广营销。一方面，利用媒体宣传作为打开市场的钥匙，充分地运用杨丽萍的名人效应，先让人们对《云南映象》产生兴趣，同时还在各类媒体上大力投放广告；另一方面，组建了成熟的营销队伍，如在北京演出时就策划过让 12 名演员身穿民族服饰走上长安街宣传《云南映象》。第四，加强内部的组织管理。《云南映象》通过严格、规范的内部管理来保证演出的高水平。剧组推行演员签约制，所有演员一律和剧组签署劳动合同，并且他们舞台表现的好坏直接决定着收入的多寡，考核指标达十项之多，如临场发挥、有无过失、激情状态等。此外，《云南映象》还通过参加评奖来树立自己的品牌形象，为该产品戴上了耀眼的光环。

《云南映象》致力于原生态民族艺术文化的市场推广，并将全方位地挖掘《云南映象》这一艺术品牌的价值，陆续推出系列相关产品，从而形成一个融艺术创新、经营管理、市场营销、技术保障、产品研发于一体的文化产业链。

【案例解读】

《云南映象》一诞生便引起了舞蹈界乃至整个文化艺术领域极大的震撼，它在萧条的中国歌舞市场掀起一阵旋风，创造了票房的奇迹。这不仅与其本身的文化价值和艺术魅力分不开，还与其市场化的运作与管理息息相关。从创作之初到全球巡演，《云南印象》完全按照跨文化的传播理念、产业化的发展思路、歧异化的竞争战略、企业化的经营管理模式和市场化的营销方式来进行运作。杨丽萍认为，要艺术也要赚钱。实际上，艺术也并非注定清贫。真正的艺术要敢于大胆地走向市场，并接受市场的考验。《云南映象》正是通过产品的歧异化为自己创造出独特的优势，在此基础上实现了产品的市场占有率，收到了社会和经济的双重效益。

中华传统文化和民族文化非常丰富，但由于这些文化资源并没有得到很好的利用和有效的保护，而使其正在枯萎，甚至已经凋谢。《云南映象》的一项重要的现实意义在于：它为原生态民族文化的开发和利用，以及为传统文化、民族文化的传承和传播提供了一个新的模式。

《云南映象》对云南传统文化和民族文化资源进行深刻挖掘，将乡土表演与民族舞蹈经典进行全新融合，以舞台表演的方式把这些原生态民族文化保存下来，向世界传播，让人们更容易读懂古老民族的历史和文化。当然，这种保存和传播是否能够长久我们目前还无法确定，还有待时间的检验。但是，把传统文化和民间文化作为资源进行开发和利用，并成功地向国外传播中华民族文化的思想，这对我国文化产业来说无疑具有重大意义。

三、《印象·刘三姐》的文化产业经营

提起刘三姐，人们会说她是流传在八桂大地美丽传说中的村姑；提起广西，人们似乎就会想起桂林的山水甲天下；提起《印象·刘三姐》，人们就不得不感叹那如仙境与梦幻一般神奇的歌舞表演。

《印象·刘三姐》是一台融真山真水和民歌于一体的超大型演出。作为全国第一部全新概念的“山水实景演出”，现在的《印象·刘三姐》已经走向世界，成为中国文化产业中的一朵奇葩。

20世纪五六十年代，刘三姐的故事被改编成戏剧。1961年，长春电影制片厂在桂林拍摄了彩色故事片《刘三姐》。这是中国大陆拍摄的第一部风光音乐故事片。影片中美丽的桂林山水、刘三姐和山歌迅速风靡了全国乃至整个东南亚，堪称是中国20世纪50至70年代的经典文艺作品。该影片在香港、澳门地区及东南亚上映时，被誉为“山歌之王”。在马来西亚上映时甚至被评为世界十部最佳影片之一。

1963年，在第二届《大众电影》“百花奖”评选中，《刘三姐》荣获最佳摄影奖、最佳音乐奖、最佳美工奖和最佳男配角奖。从此，游览桂林山水、寻访刘三姐和广西山歌，便成了一代又一代人的梦想，有关刘三姐的企业、产品、项目也不断涌现。迄今为止，中国还没有一部影片超过《刘三姐》的上座率。该片之所以深受观众的喜爱是因为其动人的山歌、秀美的桂林山水和美丽的刘三姐。

《印象·刘三姐》是由桂林广维文华旅游文化产业有限公司投资筹办，由我国著名导演张艺谋、王潮歌、樊跃出任总导演，由国家一级编导梅帅元任总策划和制作人，有67位中外著名艺术家加盟创作，经过109次演出方案的修改，投资近1亿元人民币，历经5年零5个月才创作完成。它集漓江山水、广西少数民族文化及中国精英艺术家创作之大成，是全国第一部全新概念的“山水实景演出”，为桂林注入了灵性与激情，增添了一道独具韵味的人文风景线。演出集时代性、唯一性、艺术性、震撼性、民族性、视觉性于一身，是一次演出和视觉的革命。

在张艺谋眼中，《印象·刘三姐》最大的特点就是它能带给人们宁静的“诗意”。他说：“不可重复性，不可再生性，使得它成为全球独此一家，别无分号。”

自2004年3月正式演出以来，《印象·刘三姐》深受中外游客喜爱，几乎场场座无虚席，主办者只得将最初设定的每晚一场增加到每晚两场。有的游客评价《印象·刘三姐》是“无与伦比、世界之最”；有的游客观看完后激动地说“有说不出的感动”；有的游客则认为“这是一个绝妙的点子”。这些都说明《印象·刘三姐》受到了人民大众的喜爱和认可。

【案例解读】

《印象·刘三姐》采用产业运作模式，其本身是一个完全被市场验证、由消费者投票认可的产品。从2004年3月正式演出至今从未间断，且场场爆满。虽然从票价来看实在不菲，分为188元、320元、680元3个档次，但仍一票难求。

产业的连带性强，社会辐射力显著。《印象·刘三姐》作为著名的文化品牌，拉动着阳朔旅游业的发展的同时，还拉动了当地的房地产业、酒店业、餐饮业、交通业、服务业等相关产业向前发展。

作为文化产业的成功之作，《印象·刘三姐》不仅被定为全国文化产业示范基地，还荣获了中国乡土文化艺术特别贡献奖、文化部首届创新奖和中国十大演出盛事奖等奖项。《印象·刘三姐》依托丰富的民族文化和独特的自然风光资源，创造性地采用"全景式、大舞台、总调度"的演绎形式，同时会集了中国一流的导演、一流的策划、一流的作曲等人员，成功地诠释了人与自然的和谐关系，上演了一场具有独特魅力的文化盛宴。

思考题

1. 怎样看待现代经营手法包装下的张爱玲的作品？
2. 通过《刘三姐》的多元化发展，可以体会到怎样的经营理念？

第七章　图书出版类经营管理经典案例解读

■ **本章提示**

随着当今社会的发展，传播手段越来越方便快捷。手机、电子书等移动终端给作为传统文化产业的图书出版业带来了很大的冲击。甚至有人预言，纸质图书最终将会消亡，将被其他终端所取代。事实真的是这样吗？通过本章的解读，读者可以自己得出一个答案。

第一节　时尚类图书案例及解读

一、概述

图书是一种特殊的精神产品，它不仅具有思想性和文化性，而且具有商品的属性。既然是商品，那么我们使用各种营销手段进行市场营销也就无可厚非了。但长期以来，出版方一直不重视图书的商品属性，图书的营销手段相较其他领域，也显得鲜有新意，甚至极其落伍。当前图书业已经进入微利时代，出版方式正在发生深刻变革，图书市场竞争也日益激烈，图书业走上经营管理之路势在必行。

二、十年磨一剑的《兄弟》

2005 年 7 月，余华的作品《兄弟》(上)由上海文艺出版社出版。该书一出版就狂销 20 万册，到 2005 年年底销量就达到了 35 万册，创下当年纯文学图书单本销量第一的纪录。而后，《兄弟》(下)的出版再度掀起了高潮，起印就高达 30 万册。迄今为止，《兄弟》上下部累计销量已经超过了 100 万册。

《兄弟》之所以能够如此畅销，其幕后必定离不开上海文艺出版社的精心经营。首先，《兄弟》这本书在上市之前，上海文艺出版社就向公众广为宣传，并抛出"余华十年磨一剑，《活着》以后看《兄弟》"、"余华首次尝试爱情写作"、"余华最满意的作品"、"首印 30 万册"这样吸引人眼球的话语。这不仅抬高了《兄弟》一书的声势，而且还调动了媒体的宣传欲望以及提高了读者的兴趣。

其次，此书分为上下两部成了媒体炒作的由头。《兄弟》(上)出版后就获得了一致好评，在各地畅销书排行榜上名列前茅，同时余华的其他作品的销售也有所增加。在《兄弟》(上)出版后的 3 个月里，余华接受约 60 次媒体的采访，给《兄弟》(下)的出版营造了一定的声势，让读者对下部充满了期待。此时的余华俨然成了一个文学明星。八个月后，《兄弟》(下)果然不负众望，刚一出版就起印 30 万册，而后稳坐畅销书排行榜前列。

再次，虽然《兄弟》上下部的签售活动并不多，但由于传统媒体以及网络媒体的广泛宣传，仍然取得了非常有效的传播效果。2005 年 7 月《兄弟》(上)出版后，上海文艺出版社在厦门举行的海峡两岸交易会上组织了新书发布会。随后，上海文艺出版社又在余华的家乡杭州和上海书展中组织签售活动并做大幅广告，现场读者十分踊跃。同年 9 月，余华在北京图书大厦、王府井书店、中关村图书大厦举行了三场签售活动。这段时间也正是《兄弟》(上)热销的阶段，同时调动起了读者对下部的期待。《兄弟》(下)出版后，签售成绩更是喜人，签售现场更加火爆。

《兄弟》的成功不得不归功于上海文艺出版社在图书出版领域的创新意识和整体的策划能力。可以说，出版社成功地达到了"花最少的钱办成事"的宣传和销售目标。

【案例解读】

以前，很少有人将作家称为“明星”，一般称为“文人”。而今，新的代名词出现了，那就是“文学明星”。一般情况下，作家是用纸笔来说话的，也就是用作品来说话。作者余华在《兄弟》出版后的三个月内，如同影视明星为自己的新片到处宣传一般，先后接受媒体采访60余次，签售活动几乎遍布全国各地。且不论作家参与作品的宣传是对是错是好是坏，用作品说话和语言说话的双重结合无疑提升了作品的知名度，《兄弟》一书的声势和销售成绩一路飙升，这些都是铁铮铮的事实。当然，这也要求作者善于言辞。显然，余华在《兄弟》的宣传上很是“卖力”。

一本书，创造出文学作品的销售奇迹，必然有它的支持者一路力挺，但也少不了给予批评的反对者。2005年7月《兄弟》(上)推出后，就曾遭到一些评论家的围剿。有媒体还专门列举了《兄弟》的七宗罪：情节虚假、文字硬伤、叙述啰嗦、视角简单、过于偶像化、过于荒诞、时代错位。

可以说《兄弟》的恶评一路伴随着畅销的全过程，但无论是怎样的恶评都没能淹没余华“文学明星”的形象。反而也是这样的恶评，让《兄弟》一火再火，在争议中持续升温。

《兄弟》在营销过程中，余华是主演，出版社则成了幕后英雄。相同的是，两者都获得了丰硕的回报。

第二节　词典类图书案例及解读

一、概述

词典主要是用来解释词语的意义、概念、用法的工具书。广义的词典包括语文词典及各种以词语为收录单位的工具书；狭义词典仅指语文词典。词典是一个无言的老师。现在词典编纂的泛滥乃至无序，是我们社会语言水平出现问题的一个原因,或者说是一个重要原因。改革开放以后,社会和科学文化的发展带动了词典事业的发展。可以说,词典多元化、百花齐放的局面出现了。

二、《十三经词典》简析

《十三经词典》是经国务院批准,列入新闻出版署《1988—2000 年全国辞书编写出版规划》的大型专书词典,从 1988 年 12 月编写工作正式开始,到 2002 年 12 月正式出版,编纂历程历时十余年。这是一部高质量的词典,它不仅是对文化知识的积累和传承,也在一定程度上反映了本领域科学研究的最新成果。《十三经词典》的编纂者们以独特的视角,分析了古籍研究领域的内涵,并由此拓展和激活了它所具有的意蕴。以实践操作的角度,在辞书编纂运作的方方面面阐释了编纂原则与理念,还在操作的同时构筑自己的学术平台抑或学术趋向。这无疑给我们现今的辞书编纂领域带来了一股清新之风。

《十三经词典》主要具有以下几个特点:

第一,百科性。该词典所收录的词的类别和标准不受任何学科的约束,凡是各部经书所有的都在收录之内,既包括哲学、政治、文化、伦理道德等基本概念的一般词语,亦包括天子伯侯、封国建制、政治文教、兵刑礼乐、赋役财用、冠婚丧祭、宫室车马、服饰饮食、农医商卜、天文律历、草木虫鱼等诸多方面的特殊词语。

《十三经词典》收录了大量专科词语,即含有经义的词语和句子,这是显示该词典特色的一个亮点。虽然对这些条目进行释义时难度很大,需要耗费编纂者大量精力来研究这些特殊词语所在的每个句子的含义，并进行归纳概括,但是此项原创工作本身的价值就在于它基本上集我国历史上有关经书研究之大成,在语言方面又对汉民族文化遗产做了一次大规模的整理,把零散的资料加以复原和整合,使之成为可以开发和利用的学术宝库。不同词目分别概述了孟子的天道观及其哲学思想、伦理道德思想、政治思想、经济思想、军事思想、美学思想及其修养方法、教育方法、教育态度和教育原则，为读者提供尽可能全面的信息，满足读者多方面的需求。

第二,科学性。该词典设计了一个比较好的体例框架。编纂者在编纂过程中对遇到的问题并不视而不见或刻意回避,也不会简单肯定或否定,而会以科学的态度，实事求是、回归原典，把经书的原初状态展示给读者。《十三经词典》除了全面收录各部经书的词语之外，第二个亮点就是通过分析、归纳、整理、描写四个环节为每个词语在语音、词汇、语法范畴内找到其位置，同时显现其字频、音频、词频、义频，细致入微地将使用中的词的动态变化呈现出来，为研究者提供必要的量化资料。这一开创性的工作有助于准确、全面地解释词义，使释义更加完备，义项分合更加妥当，例证与释义更加吻合。由于汉语缺乏丰富的形态，给标注词性带来一定困难。这方面所牵涉的诸多问题，如介词与动词的区分，形容词与副词的区分，副词与连词的区分，词类活用，动词、形容词做主语、宾语时如何标注词性，兼类词的处理等，都是汉语语法研究悬而未决的问题。因而标注词性一向被辞书编纂者视为畏途。《十三经词典》对这些问题所作的理论探讨及操作上的尝试值得我们借鉴。

第三，针对性。为了突出词典工具性的特点，必须考虑一般读者的需要，同时也要考虑特殊读者的特殊需要，并将二者进行有机融合。《十三经词典》是为读者阅读和研究《十三经》而编纂的大型专书词典，兼顾了一般读者的查检需要和专业读者的较高要求。

【案例解读】

随着我国辞书编纂事业的发展，已有越来越多的人从事文献专书词典的编纂工作。编纂者以我国历史上著名的文献典籍作为研究编纂的对象，根据不同的设想及目的进行辞书编纂。编写文献专书词典属于文化产业范畴，是一项十分有意义的工作。进入21世纪以后，为了对传统文化的积累作贡献，为了推动学术事业的发展，建议由辞书学会出面，把志同道合者组织起来，进行科学合理的经营和管理，选出各个时期有代表性的文献专书，有计划、有步骤、有系统地进行这项工作。

思考题

1. 图书营销的手段有哪些？
2. 经营管理在图书出版中发挥着怎样的作用？

第八章　广告类经营管理经典案例解读

本章提示

广告在人们的生活中无处不在，人们对于身边充斥的广告也已经习以为常。随着全球经济持续快速增长，市场竞争也越来越激烈，好的广告成了竞争中的有力武器，各个商家对于广告的重视也越来越高。一则优秀的广告往往会收到出奇制胜的效果。

第一节　广告设计类案例及解读

一、概述

"创意"一词是我国广告界最流行的常用词。现代广告业大师大卫·奥格威认为："如果没有精彩的创意，你将永远无法赢得名望与财富。""创意"赋予了广告以生命力，引导消费者以新的眼光去观察，并刺激消费者的购买欲望。广告设计即从创意到制作的中间过程，一般都很重视商品功能的诉求。要让广告产生强大渗透功能，使广告进入消费者心灵深处，广告业者们就要勇于标新立异、独辟蹊径。

二、Just Do It：由 Nike 引发的思考

Nike 正式命名于 1978 年。它超过了众多品牌如阿迪达斯、飙马、锐步等，被誉为“近 20 年世界新创建的最成功的消费品公司”。在美国，有高达七成的青少年的首选品牌是耐克。富有创意极具魅力的耐克行销传播，为耐克赢得了消费者，使耐克成为市场的胜利女神（Nike 原意即为“古希腊的胜利女神”）。

在 20 世纪 60 年代，Nike 公司创建之初，规模很小，随时都有倒闭的可能。公司的两个创始人布沃曼和耐特都要身兼数职，而且公司也没有自己的办公楼和完整的经营机构。但就在短短的 20 年之后，1985 年耐克公司的全球利润为 1300 万美元，1994 年公司的全球营业额更高达 48 亿美元之多；其市场占有率独占鳌头，是位居第三的阿迪达斯公司的两倍多。华尔街投资商和分析家中的许多人在 20 世纪 80 年代以前都一直不看好耐克公司：“耐克没有多少发展的基础和前景。”如今却解嘲道：“上帝喜欢创造神话，所以他选择了我们意想不到的耐克。”

耐克神话是因为“上帝所赐”吗？耐克公司的总裁耐特回答说：“是的，是消费者上帝。我们拥有与‘上帝’对话的神奇工具——耐克广告……”

20 世纪 80 年代，耐克产品开始从田径场和体育馆进入寻常百姓家（特别是十几岁的少年）。在 1986 年的一则宣传耐克充气鞋垫的广告中，耐克公司采用了一个崭新的创意。由代表和象征嬉皮士的著名甲壳虫乐队演奏著名歌曲《革命》，在反叛图新的节奏、旋律中，一群穿戴耐克产品的美国人正如痴如醉地进行健身锻炼……

为扩大耐克广告的吸引力，耐克必须像 Levi 品牌（牛仔服的领导品牌）一样，成为青少年文化的组成部分和身份象征。针对青少年消费者热爱运动、崇敬英雄人物、热衷追星、渴望被重视、思维活跃、想象力丰富并充满梦想的特征，耐克相继与一些大名鼎鼎、受人喜爱的体育明星签约，如乔丹、巴克利、阿加西、坎通纳等，让他们成为耐克广告片中光彩照人的沟通“主角”无疑抬高了耐克的人气。

20 世纪 90 年代耐克公司还专门设计推广了一种电脑游戏，让参与者可在

游戏中与篮球巨星乔丹一起打篮球。耐克深知十几岁少年有厌恶说教、独立意识增强的特点，便充分发挥和迎合他们的想象力与自我意识，使其实现从“乔丹”意识到“热爱运动的我”，从“穿着耐克鞋的乔丹”联想到“穿着耐克鞋的我”的转变。

当耐克公司在青少年市场和男性市场上牢牢站稳脚跟后，便转而集中火力进攻女性市场。以下是其中一则广告创意方案。

标题：你决定自己穿什么

正文：找出你的双脚，穿上它们

跑跑看，跳一跳……用你喜欢的方式走路

你会发现所有的空间都是你的领域

没有任何事物能阻止你独占蓝天

意外吗？你的双脚竟能改变你的世界

没错，因为走路是你的事

怎么走由你决定

当然，也由

你决定自己穿什么

【案例解读】

“耐克”品牌有许多值得挖掘的营销和经营管理的经验与启示。

第一，从运动员专用鞋市场拓展出普通消费者的大众市场。充气鞋垫的广告准确地迎合了刚刚出现的健身运动的变革之风和时代新潮，给人以耳目一新的感觉。耐克公司早先一直采用杂志作为主要宣传媒介，向竞技选手们传递产品的信息。但自此以后，电视广告成为耐克的主要“发言人”，这一举措使得耐克广告更能适应其产品市场的新发展。

第二，借用明星效应建立品牌忠诚度。耐克在中国也因成功策划刘翔系列活动而被业界广为称道。它没有沿袭体育用品“极力展现运动美感”的老式广告套路，而是把创意主题定格为一种运动主张：“耐克是一个令任何体育爱好者都热血沸腾的品牌，年轻一代篮球运动员已经把球场变成了他们的舞台，世界永远是年轻人的。只要有空间，你也可以像他们一样成功。”

第三，运用动画、电脑游戏来打开青少年与儿童消费者市场。在广告片《谁杀了兔子乔丹》画面中，你几乎看不见耐克产品的“身影”，也没有像其他广告那样单单宣扬产品和陈述“卖点”，而是让备受瞩目的飞人乔丹和兔子演绎了一段故事。

第四，深入自我心理意识和价值，争取到女性消费群。文案从思想到意识都在褒扬一种“美丽”女人自由的心理状态，虽然广告文案里没有任何关于产品的信息，然而潜在的产品形象已经显露雏形。

第五，致力于沟通，而不是销售诉求。这是一个与大多数美国公司的广告策略根本不同的策略，正是这一独特的策略和做法，使得耐克公司在市场扩展中不断取得成功，并迅速成长。耐克成立仅30年就打败了老牌竞争对手阿迪达斯，稳坐世界第一，其成功之道是不只是卖鞋子，而是重在营销情感。

三、玉兰油：就是美丽

一直以来，宝洁公司一直把玉兰油产品定位于“成人使用的面霜”。玉兰油的广告一直在向消费者传达一种审美观念——就是美丽。这从玉兰油广告的经营管理上就可以看得出来。从早期的玉兰油滋润露之“玉兰油，青春美的奥秘”，以及在以后的玉兰油广告中，不断地承诺“我们能证明，你看起来更年轻”，玉兰油的广告创意总将一张年轻美丽的脸摆到消费者面前。玉兰油的电视广告片很少请当红的女明星出镜，每次都用一个消费者不熟悉的美丽女人来表现玉兰油产品在美容方面的独到之处。创意师在镜头后面制造的是一张年轻、美丽并且富有亲和力的脸，其艺术效果是极其唯美和具有煽动性的。

玉兰油广告创意最具特点的还是感性表现之后的理性诉求文案。例如，玉兰油活肤菁华霜——“含有突破性的活肤新技术BHA活肤鞣酸菁华，经实验证明它能促进肌肤的自然新陈代谢过程，帮助减少细纹和皱纹。四个星期内，肌肤重现青春光泽，看起来更年轻。”

玉兰油二合一润肤沐浴露的广告就是一部美人出浴片，年轻美丽的模特享受着沐浴带来的乐趣，沉浸在滋润体贴的水世界里。因为“玉兰油二合一润肤沐浴露含有75%的玉兰油滋润成分，玉兰油证明，全身改变只需7天”。

玉兰油多效凝彩系列的电视及平面广告中，针对女性因年龄增长而导致的肌肤问题，提出“能帮助抵御7重岁月痕迹，令肌肤焕发青春光彩”，广告同时还详细地列举所谓“7重岁月痕迹”，即细纹及皱纹、皮肤粗糙、肤色暗哑、缺乏光泽及弹性、色斑及年龄斑涌现、毛孔粗大和皮肤干燥。

一则玉兰油广告讲述了一个准新娘即将出嫁，她年轻美丽，但她还是不满足，想要使皮肤再年轻、再美白一些，终于她找到了玉兰油美容焕采面膜，仅需5天就使肌肤水嫩透白。婚礼上，新娘身着白色婚纱，美艳照人。玉兰油香氛活肤沐浴乳在电视广告中宣称：“24小时不断滋润，令肌肤持续得以改善。一星期内，肌肤会更有光泽，更富弹性。”玉兰油二合一润肤沐浴乳的网络广告称此产品“含有75%的玉兰油滋润成分”，“第一次使用，您的肌肤就会感到明显的柔润光滑；使用14天后，您能体验到肤质的明显改善和滋润；持续使用，您会拥有洁净、滋润、柔嫩的动人肌肤”。

【案例解读】

宝洁有优秀的“以消费者为中心”的经营理念和企业文化，它尊重消费者，并善于倾听消费者的意愿和需求，其产品的开发和设计充分体现了宝洁对消费者的关爱。各种公关活动也有显著成效，有力地树立和提升了宝洁公司的企业形象。一向精明过人的宝洁，其广告策略定位十分精准，对权威机构认证的运用也力道十足，在实验方面亦做得一丝不苟，让人不得不心服口服。虽然它的广告常常被广告界斥为“缺乏创意”，却总能领先一步，令其走在同类品牌前列。

近来，宝洁广告又打出了数字牌，这在上面列举的玉兰油广告中运用得也很多。此外，在其他产品中有时也运用。如“帮宝适”纸尿裤电视广告通过现场实验声称：“使用帮宝适纸尿裤，哪怕宝宝一晚上尿1、2、3、4、5次，都可以保持干爽，让宝宝安睡到天亮。”碧浪漂渍洗衣粉的包装袋上标明："可以去除99.9%的细菌。"连洗发水"全新潘婷深层修护系列"广告中也运用了数字："防止分叉，使毛躁的头发比以前顺滑70%。"这就是宝洁的过人之处。

化妆品、洗发水属于感性消费的产品，但宝洁依然使用理性诉求的方法，以准确、实在的数字作出功效的承诺，给消费者提供了理性的、充分的购买理由。而同类品牌的广告大多都只是对产品功效的泛泛而谈，内容空洞，千篇一律，很难给消费者留下深刻的印象。宝洁却借用了科技产品广告中常用的方法，量化产品功效，使之更明确，更直观，化无形为有形，让消费者"看得见，摸得到"，从而大大增强了广告的说服力。除了宝洁，谁还敢如此自信地说"我的化妆品一星期见效"或是"我的洗发水能让你的头发顺滑70%"？敢为天下先者，唯有宝洁！

第二节　新媒体类案例及解读

一、概述

新媒体是以数字信息技术为基础，对大众提供个性化内容的媒体。它是新的技术支撑体系下出现的媒体形态，如数字报纸、数字杂志、数字广播、移动电视、桌面视窗、数字电视、数字电影等。相对于传统媒体而言，新媒体是具有创新形态的媒体，如互联网媒体、掌上媒体、数字互动媒体、车载移动媒体、户外媒体及新媒体艺术等。

二、宝马与新媒体的合作

宝马(BMW)，全称为巴伐利亚机械制造厂股份公司(德文为Bayerische Motoren Werke AG)，是德国一家全球知名的高档汽车和摩托车制造商，总部位于慕尼黑。

在初创阶段，宝马公司主要致力于飞机发动机的研发和生产。1923年，第一部 BMW 摩托车问世。1928 年，BMW 收购了埃森那赫汽车厂，并开始生产汽车。之后，BMW 将许多汽车制造史上的杰作推向市场，这些产品不断激发出人们强烈的感情和渴望，铸就了 BMW 公司作为一家汽车制造商的杰出声誉。

当前，BMW 集团是全世界最成功和效益最好的汽车及摩托车生产商之一。2002 年，公司成功销售了超过 100 万部 BMW 和 MINI 品牌的汽车，销售纪录首次突破 100 万辆；到 2011 年，全年销量达 1668982 台。在全球，BMW 集团的员工总数超过 10 万人。

BMW 集团一贯以高档品牌为本，这正是企业成功的基础。它拥有 BMW、宝马 MINI 和 Rolls－Royce(劳斯莱斯)三个品牌。这些品牌占据了从小型车到顶级豪华轿车各个细分市场的高端位置，使 BMW 集团成为世界上唯一一家专注于高档汽车和摩托车的制造商。高档意味着“附加值”。BMW 集团的品牌各自拥有清晰的品牌形象，其产品在设计美学、动感和动力性能、技术含量和整体品质等方面具有丰富的产品内涵。因此，这些品牌可以给用户提供切实的附加值。在此基础上，BMW 集团期望获得较高的单车利润率，从而继续保持赢利性增长，并确保公司在未来的独立地位。

BMW 集团将长期贯彻明确的高档品牌策略。在未来几年内，这将体现在大范围内的产品和市场攻势上。在注重各品牌独特性的同时，BMW 集团将通过推出新产品来进军新领域，并把公司的系列产品推广到更多新市场。借此，BMW 公司将跨入一个全新境界。

宝马在广告宣传上也不断出新，还利用航空媒体进行产品推介。一直以来，宝马的品牌定位都是高端路线，给人留下“宝马车是成功人士的车”的深刻印象。由于 BMW 高端的定位，又锁定高端人群，因此其广告的载体也必然要能够最大限度地覆盖高端人群。本着“高覆盖，高到达”的投放宗旨，2007 年宝马尝试在机场候机厅内投放广告。根据当时的调查数据显示，在北京首都机场有 87.6％的被访者能够接触到候机厅内的宝马广告。而且有超过 79％的被访者在候机的时间里能够两次接触到宝马广告，这就表明，机场内的广告投放达到了高覆盖的目标。同时，有 57.6％的被访者表示会继续关注该广告。如此之高的关注度有力地驳斥了那些对新媒体广告持怀疑态度的声音。该广告成功的原因主要有两点:一是相对来讲机场人群层次一般比较高,有较强的消费能力;二是人们在候机的时候可能会感到无聊,便会主动去看一些广告之类的媒体传播平台。宝马这次新媒体广告经营很好地把受众定位和媒体特点结合在一起,收到了很好的宣传效果。

宝马最新的BMW3系广告也悄然出现在全新的媒体平台——手机屏幕上,广大车迷可以通过手机,随时随地欣赏到BMW3系轿车的视频广告,还可以下载经典壁纸和铃音。

这就是BMW3系轿车在无线营销方面的最新尝试。该广告是通过中国领先的手机广告提供商分众无线在新浪、空中网、乐讯、TOM等多个知名WAP站点同时投放的。

BMW通过分众无线的"点告"广告发布平台同时覆盖了多个知名WAP网站的广大网民,同时进行了精准智能的匹配投放。仅有爱好时尚汽车资讯、手机上市价在3000元以上的网民才能看到本次广告,实现了广告资源利用的最大化和传播效果的最优化,点击率居高不下。

BMW手机广告除了精准到人的智能投放方式之外,还包含了一个新颖的功能——"一键沟通",在相关手机广告页面中只需轻轻一点客服电话处,无须烦琐输入,就能直接连通BMW的客服电话,了解产品与服务的详情。

BMW3系的手机广告营销从网站建设到媒体选择,从广告形式到受众覆盖,再到最重要的客户沟通与服务,每一步都体现了其高度的专业性,充分挖掘了手机媒体、无线广告的特色与核心价值。这可谓2006年上半年度中国无线传播的经典案例。

【案例解读】

相对于传统媒体而言,新媒体是一个不断变化的概念。随着社会的不断发展,由于工作与生活节奏的加快,人们的休闲时间呈现出碎片化倾向,而新媒体的出现正是迎合了这种需求。新媒体的发展将是未来媒体发展的新趋势,传统意义上的媒体是通过电视、广播、报纸、杂志等单一形式地完成对于信息的传播,而新媒体则是在传统媒体的基础上运用数字媒体技术开发创意来完成对于信息的传播加工,以及新的诠释的一种新媒体概念。宝马正是看中了这一点，以其自身高端、新潮的定位与新媒体不谋而合。

三、分众传媒：新行业的先行者

分众传媒是中国生活圈媒体群的先行者，是面向特定的时尚族群的媒体。这部分受众群体具有典型的特征，也恰恰是某些产品或品牌的领先消费群或重度消费群。分众传媒旗下拥有商业楼宇视频媒体、公寓电梯平面媒体（框架媒介）、卖场终端视频媒体、分众直效商务 DM 媒体、户外大型 LED 彩屏媒体、手机无线广告媒体及数据库营销渠道等多个针对特征受众并相互之间可以有机整合的媒体网络。

分众传媒以独具创意的商业模式，媒体传播的分众性、生动性及强制性赢得了业界的一致好评和高度认同。2003 年，分众传媒首创中国户外视频广告联播网络，以准确的定位和传播效果赢得了消费者和广告客户的肯定。2004 年年底，分众传媒全面推出中国卖场终端联播网，瞄准快速消费品的主要购买决策人群，影响终端购物中的品牌选择和消费决策，填补了全国性终端媒体的空白。目前，分众传媒已经覆盖全国约 106 个城市，超过 5000 个卖场和零售点，所经营的户外视频联播网已经覆盖超过 100 个城市、约 10 万个终端场所，日覆盖达上亿主流消费人群。

2005 年 7 月，分众传媒成功登录美国 NASDAQ，成为海外上市的中国纯广告传媒第一股，并以 1.72 亿美元的募资额创造了当时的 IPO 纪录。在其市值超过 40 亿美元时，分众传媒成为纳斯达克中国上市公司中的龙头股。分众传媒占据全国电梯平面媒体市场 90%份额的框架媒介（Framedia），并进军社区平面媒体领域。当时分众传媒约覆盖 10 万部电梯，日覆盖约 4500 万中高收入人群。这一庞大的传播网络成为分众生活圈媒体群的重要组成部分。

2006 年 1 月，分众传媒兼并了中国楼宇视频媒体第二大运营商聚众传媒（Target Media），覆盖全国 75 个城市，以约 98%的市场占有率进一步巩固了在这一领域的领导地位。2006 年 3 月，分众传媒全资收购了北京凯威公司，启动

“分众无线”手机广告媒体品牌。同年 4 月底，分众传媒正式推出户外 LED 彩屏媒体，覆盖了都市中心商务区的行进路途。

2007 年 3 月，分众传媒并购中国最大的互联网广告或互动营销服务提供商——好耶广告网络，全面进军网络广告营销市场。这次并购使分众传媒稳坐中国互联网广告公司广告营收第一把交椅。12 月 10 日，分众传媒以 1.684 亿美元并购卖场数字广告网络运营商——玺诚传媒，进一步扩展了旗下数字广告网络在中国大型连锁超市的覆盖范围。12 月 24 日，分众传媒入选纳斯达克 100 指数，这也是第一个被计入纳斯达克 100 指数的中国广告传媒股。

2008 年 1 月，分众传媒投资 500 万美元与炎黄健康传媒签署了入股协议，将覆盖国内 31 座城市的所有医院和药品连锁店的医疗健康联播网所有权转让，还获得了炎黄健康传媒 20% 的股份。

对于如此好的发展势头，分众传媒董事局主席和首席执行官江南春表示："我们打造最大生活型数码媒体平台的战略将便利分众传媒获得更多的增长机遇。我本人也将致力于推动分众传媒成为世界领先的数码传媒公司之一。"

分众传媒所打造的生活圈媒体群正在逐步成为中国都市生活中最具商业影响力的主流传播平台。凭借软银、高盛、鼎辉国际、英国 3I 等十多家国际著名投资基金近亿美元的注资，创下了国内十几年来新媒体业融资的新纪录。

【案例解读】

2003 年，因为等电梯时的无聊，启发了一个叫江南春的人。如今，人们对电梯口、美容厅、机场等公共场所墙上的电视广告已十分熟悉。在这一切的背后，有一个神奇的品牌崛起了。“无聊”这件事谁都经历过，但能够从中嗅到商机，能把它当成一个机会，并且做出一个品牌就不是一般人能做到的。从经营理念到资金和人才的管理，企业成长和发展的过程是艰难而又漫长的。

想要通过创造一个产业，并快速地在这个产业里占据举足轻重的地位，只有辛勤付出的人，才能做得到。在世界名牌的竞争中，中国企业似乎因为起步较晚而没有占据有利位置，但是这终将是一场没有终点的竞赛。经济在发展，生活在进步，人们的需求也随之变化和发展，这是市场发展的规律，同样也是新品牌的机遇和空间。在新媒体经济时代，分众传媒发现了这个空间，捕捉到了这个机遇，所以小有斩获。

第三节　新市场类案例及解读

一、概述

在市场经济条件下，企业从自身的利益出发，为取得较好的产销条件和获得更多的市场资源而竞争。通过竞争，实现企业的优胜劣汰，进而实现生产要素的优化配置。市场竞争的方式多种多样，有产品质量竞争、广告营销竞争、价格竞争、产品式样和花色品种竞争等，这也就是通常所说的市场竞争策略。在市场竞争中，经营管理的重要作用就凸显了出来，本节以典型的案例来解读经营管理在新市场中的手段和作用。

二、营销策略：麦当劳行销全球的法宝

崛起于第二次世界大战后的麦当劳无疑是美国文化的象征。随着柏林墙的被推倒，被认为是美国正宗文化的麦当劳最早被引入了前东欧共产主义国家。现在，它已经在全球120个国家设有29000家快餐店，每天服务的客户达4500万，成为当今世界上最大最知名的快餐服务零售品牌。我们几乎在任何一个国家都可以看到那座金色的拱门，它似乎也标志着美国的投资和价值观已经导入了这个国家。

现如今，麦当劳已经成为很多中国人喜欢的餐厅之一。17年前，要让中国人接受汉堡包可能还是个笑话。然而，如今麦当劳的670家餐厅已经遍布中国25个省市和直辖市的108个次级行政区域。中国也给予了麦当劳很好的回报：1992年4月，北京王府井麦当劳餐厅开张，成为了麦当劳在全世界面积最大的餐厅；麦当劳在广州的第一家餐厅在开张时创造了麦当劳历史上的最高销售纪录；南京夫子庙餐厅开张时创造了麦当劳历史上最高的每笔交易平均消费额。

能够在有着几千年完备的饮食文化传承体系的中国，获得如此普遍且积极的心理认同和心理接受，不得不说麦当劳在对中国的历史文化传统、当代社会现状以及民族的饮食习俗方面所开展的具有极强对应性的广告营销策略发挥着十分重要的作用。麦当劳前董事长吉姆·坎塔卢波(James Cantalupo)甚至不喜欢被称作“跨国公司”。他曾说：“我更喜欢被称作多地方(multilocal)公司。”由此他强调麦当劳已经本土化，并与本土文化和社群相融合。

以家庭为纽带，浓郁的人情味是华人社会明显区别于西方的特征。麦当劳电视广告主人公都有普普通通的名字——强强、小明、小丽、小梅……没有耀眼的明星，没有令人眼花缭乱的灯光、画面，没有催人泪下或悠扬动听的配乐，一切都在温馨、平实的画面与叙述中展开，好像在听一个好朋友讲他生活中、家庭中发生过的一件平凡的小事。如《强强篇》：麦当劳餐厅整洁明亮，爷爷、奶奶、爸爸、妈妈和两周岁的小强强团团坐，强强拿薯条当指挥棒挥舞，奶奶喜笑颜开地认为强强会成为音乐家；强强认真读着说明书，爷爷大笑开怀，认为强强定会成为大学教授；强强把面前的盒子堆积如小山，斯文的爸爸会心一笑，认为强强会成为出色的建筑师。一家人望着强强欣慰地笑。强强一只手捧着一包薯条，一只手捏住一根往嘴里送，露出快乐、幸福、纯洁的笑，他认为麦当劳的薯条最好吃。

麦当劳的广告主题根据诉求对象的不同也会有所差异。主题“更多选择，更多欢笑”体现的是麦当劳刚到国内时，希望向消费者树立多元化、多选择的品牌形象；主题“尝尝欢笑，常常麦当劳”表现消费者对于麦当劳品牌已经有了较高的认知度，麦当劳已经成为消费者经常性的选择，希望品牌能够更多地融入消费者的生活；“我就喜欢”主题体现的是中国社会已经长足发展，消费者尤其是年轻人逐步需要体现自我和个人尊重，所以广告主题也正表现了这种“个性化”，同时兼顾“包容性”，注重与人分享的态度。

【案例解读】

麦当劳的广告，虽然在各国具体的定位、诉求和表现形式上有差异，但这些有差别的广告策略却是在全球统一营销策略的指导下进行的。麦当劳在每一时期的每一次改变，都没能改变其全球统一化的营销主题。由于地域和文化的差别，麦当劳在中国与美国的广告策略存在着明显的差异。例如在广告表现中，中国式的生活情趣与美国式的幽默就呈现出很大的差别。《强强篇》在西式麦当劳餐厅里营造了中国传统一家三代温情脉脉、充满希望与憧憬的天伦氛围和其乐融融的景象，与南方黑芝麻糊广告的小巷中悠远绵长的叫卖声一样温暖。中国式的温情是其跨国营销策略的重要方式之一。

麦当劳的“本土系列”直接针对目标受众，充分传达了一种根植本土、融于本土，与中国的老百姓你中有我、我中有你的意念和信息。在这一点上，“本土系列”所要表达的内涵已经远远超出了普通的“信息传达”的意义。“消费者中心”的口号在营销、广告界喊得正响，对创意人员来说，绝不能仅仅止于喊口号。消费者是具体的，因国度、文化、性别、年龄、喜好，因各种各样细碎的事物分隔开来。我们首先必须尊重和谙熟目标消费者、消费市场的文化心理，在此基础上才有可能做出优秀的创意。麦当劳“本土系列”创意者显然在理论与实践上都走在了前列。

如果没有本土化的广告策略，麦当劳也就很难达到行销全球的目的。因此，营销目标的国际化与前卫性、具体策略的本土化与独特性是麦当劳成功的关键。而它的成功也给了我们另一个启示，真正的国际化，不是一个一个本土化的叠加，而是对各国共同文化的提炼、概括与培养。

三、深圳南山区经营管理之路

南山区位于广东省深圳经济特区西部，其行政区域东起车公庙与福田区相邻，西至南头安乐村、赤尾村与宝安区毗连，北背羊台山与宝安区接壤，南临蛇口港、大铲岛和内伶仃岛与香港元朗相望。

“文化南山”不仅是一个口号，而且还是一个目标。要使科学发展观真正落到实处，形成强大的生产力，才能使文化产业实现可持续发展。实际上，南山本身也是深圳的文化之根。虽然深圳在全国乃至世界的视野中,还只是一座以改革创新而闻名的新城,然而,南山区的南头早在汉武帝时就是全国28处盐官之一的番禺盐官驻地,史称“东官郡”。承载着历史的积淀,1998年,南山区成为深圳市最早被评为“全国文化先进区”的城区。到2004年年底,南山区共有文化产业单位950个,占全部行业的10.57%,全年营业收入386.24亿元,占全体的11.82%,增加值占南山区当年GDP的8.27%。可以说,自那时起,文化产业就已逐渐成为了南山区的支柱产业之一。

承载着历史的沉淀,肩负着发展的使命,南山的文化路在何方?《深圳市文化产业发展“十一五”规划》中对南山区的定位是:文化创意产业集聚区、数字内容产业研发中心和现代艺术活动中心。这就意味着文化南山的建设之路不是一步就能走完的,每一步、每一个细节都要经过深思熟虑。分管文化的南山区委常委、副区长罗敏说道:“南山区的文化产业要从源头上理顺各种关系,整合优化文化资源,盘活文化存量资产,提高文化企业自我完善、自我发展能力。要加大文化产业自主创新能力,着力打造具有自主知识产权的品牌。”

2007年4月,为贯彻实施南山区委、区政府“文化立区”的战略,大力发展文化产业,南山区委、区政府成立了区文化产业发展办公室,全权负责全区文化产业工作,并设立了南山区文化产业发展专项资金,拟定《南山区文化产业发展专项资金管理办法》,大力扶持文化产业的发展。

南山区委、区政府认识到文化、创意也是生产力。30多年前的改革开放,提出了“科学技术是第一生产力”,带动了高科技产业的繁荣发展。党的十七大报告中提出了“文化生产力”、“文化软实力”的概念,这是一次思想解放,承认了文化、创意也是生产力,也必将带来文化产业的高速发展。

世界发达国家发展规律表明,当人均GDP达到2000美元时,人民群众对精神文化、娱乐消费的需求会迅速增加。2007年我国人均GDP已达2300美元,南山区更是达到了20000美元。发展文化产业成为南山的必走之路,以满足人民群众日益增长的多元化、多层次的精神文化需求,并通过文化产品,培养人民积极向上的人生观、价值观,促进人与人之间的理解与沟通,进而促进社会和谐。认真了解南山,便会发现,文化是这里亮丽的底色。可以说,天时、地利、人和共同成就了南山的文化产业。

在“光华龙腾奖——2007中国创意产业年度大奖”评选中，南山区A8音乐集团（深圳市华动飞天网络技术开发有限公司）获得了“2007中国创意产业领军企业奖”。A8音乐集团董事长兼CEO刘晓松先生荣获“2007中国创意产业杰出贡献奖”。雅昌企业（集团）有限公司、A8音乐集团、环球数码媒体科技研究（深圳）有限公司和嘉兰图设计有限公司入选“2007中国创意产业百强奖”。这是继2006年摘得数个大奖之后，南山区又一次大丰收。一个城区可以获得如此多的奖项，毫无疑问，南山区已经成为创意产业的全国翘楚。

在南山，有很多在全国文化产业中的领军企业。例如，环球数码、腾讯、网域、A8音乐、嘉兰图、雅昌、华强文化、雅图等一大批富有创意、发展迅猛、实力强劲的知名文化企业在此扎根，并屡获殊荣。“大孵化器”是南山在发展高新技术产业时提出的一个创意概念，成效卓著；在发展文化产业时，这一概念同样重要。当你翻开南山的地图，一个个创意产业园区便映入眼帘，那是南山文化产业发展的动力：深圳创意产业园、深圳动漫城、南山数字文化产业基地、华侨城LOFT创意园、科技园动漫及网游产业孵化基地、高职院动漫一条街、南海意库等现有及在建的园区已初具规模。南山的文化产业园区已经有了一个较好的基础，初步形成了一定的产业规模，各项基础配备设施基本齐全，并开始发挥集聚效应，发展势头良好。

文化产业最关键的因素是人才，而南山作为深圳的高等教育基地，为人才的培养提供了源源不断的动力；文化产业的发展与高新技术结合起来，会产生叠加效应的升级，而南山又是深圳的高新技术产业重镇。这些优势，为发展文化创意产业提供了便利条件。运用电子出版、数字影视、网络传输等现代技术，南山大力发展创意设计相关新兴产业，迅速占领产业发展的优势地位，取得发展先机。同时，南山还积极采用高新技术改造传统文化产业，提高传统产业的科技含量。从某种意义上说，高科技产业偏重“工具”，而文化产业更侧重于“内容”。因此，两者兼容互动、互为表里，既可以进一步拓展高新技术产业发展的领域，也可以为文化产业依托高新技术产业的优势实现快速发展，打造出一条切实可行的途径。相信南山的文化产业会有一个光明灿烂的前景。

解放思想，深圳提出要向国际一流城市看齐，南山也要向国际顶尖的发达城区比肩。但是要构建国际化大都市，就必须增强城市的文化底蕴、文化品位。在这方面，南山已经走在了前面。“锦绣中华”、“民俗文化村”、“世界之窗”、“欢乐谷”等早已成为了深圳的“名片”，“何香凝美术馆”、“保利文化广场”等现代化艺术场馆使城市的文化品位进一步提高。去年，“F1 摩托艇世界锦标赛”的举办，也让世界更好地认识了深圳、认识了南山。

深圳湾口岸的开通，使南山与香港的联系更加密切、方便。香港的创意产业起步较早，拥有大批世界级的设计人才，其作品在国际上屡获大奖。南山区与香港在文化产业方面的合作也有良好的基础，有许多公司都与香港有着密切的业务往来。动漫制作的龙头企业环球数码的母公司就是香港上市公司。香港的影视制作、广告设计方面，也有和南山合作的意愿，一些项目正在具体商谈当中。南山区文化产业在与香港合作方面具备很多优势和有利条件，合作的空间和前景都十分广阔。南山区提出要本着“向香港学习，为香港服务”的态度，学习和引进香港先进的经营理念和管理经验，以及国际化的创意人才。

放眼未来，南山区提出，“安排 1 亿元，全面撬动南油工业区旧厂房改造升级工程，实现产业置换，集聚文化创意和商贸服务产业，精心打造‘深圳文化新城’”。这样的气度，这样的眼光，定会让南山的文化亮色越来越耀眼。2007 年，南山区积极推动园区建设，积极帮助园区引进项目。水晶石数字科技有限公司、香港中夏建筑国际有限公司、香港大厦艺术文化公司、创视佳意传播机构、三爱文化发展有限公司、见定行动漫有限公司、金紫荆文化传播有限公司等企业有意入驻深圳动漫城；积极为南海意库引进画廊和艺术家工作室；与科技园总公司认真探讨深港动漫及网游产业孵化基地的定位问题，促成其和香港生产力促进局的合作，创建深港数字娱乐产业基地培训中心。

南山在文化产业的发展过程中，不断探索创意、创新模式，不断开启新项目，还投资建设了“深圳数字内容产业基地”。该基地定位于搭建一个数字内容产业的内容和模式研发、内容制作与测试、存储、集成、交易、人才培训及管理和服务的公共平台。结合茶光工业区的改造，与区科技局合作，共同策划打造“深圳数字内容创新产业园”；积极支持 A8 音乐集团，加快建设“华南数字音乐基地”;积极支持环球数码媒体科技研究(深圳)有限公司研发基地建设,特别是高性能数字文化内容公共渲染服务平台项目的建设。

南山还积极筹建“亚洲管乐联盟中国基地”与“中国管乐培训实践基地”。该项目由南山区文产办与金紫荆文化传播有限公司共同筹划,拟把南山打造成为亚洲管乐培训、科研、论坛、演出、比赛、展览展销与制作的重要城区。策划南油工业区的整体改造工作,将该片区打造成以文化产业为核心的“深圳文化新城”。策划中国(深圳)国际工业设计展览会、深圳工业设计周等相关文化产业展示交流活动,不断扩大和提升南山区文化产业的影响力和吸引力。

面对未来发展,南山区委、区政府加大对公共文化服务的投入,加强文化基础设施建设,打造公共文化服务品牌,扩大公共文化服务的覆盖面,进一步加强文化产业在全区经济发展中的战略地位,充分发挥高新技术产业的优势力量,促进现代科技与文化的结合,推动文化产业发展模式的转变,大力增强文化“软实力”。这些落实到具体工作就是要发展“园区经济”,着力构建优势特色明显、重点产业突出、相关行业联动的文化产业发展格局;全面提高南山区文化产业的综合竞争力和整体实力,努力打造全市文化创意产业示范区、数字内容产业研发中心、现代艺术活动中心;打造文化产业“总部经济”;鼓励文化企业加大研发投入,培育高端创意,提高原始创新,集成创新能力;积极运用高新技术创新文化生产方式,培育新的文化业态;培育和发展自主品牌,重点发展文化产业核心层内容,以品牌和重点行业带动整体产业优势的逐步形成。

【案例解读】

南山的文化有其亮丽的底色,产业也有很好的发展基础,规划有其优质的发展积淀,但南山区委、区政府同样清醒地认识到,文化产业毕竟才刚刚起步,大多数企业还处于起步阶段,文化产业产值和占GDP的比重还不高,对财政税收的贡献也不多,距离区委区政府的要求,距离成为南山区支柱产业和新的经济增长极的目标还有较大差距;同时,文化产业的发展还面临着物理空间有限、行业的发展内容和发展模式尚在探索之中、市场培育不够、投融资体制不健全、高端人才稀缺等困难和制约;另外,全国其他城市和深圳兄弟区对文化产业都十分重视，投入力度都很大，发展步子也都很快。南山必须加倍努力，竭尽全力，才能有所作为。

华灯初上，深圳湾畔波澜微兴，海上的清风和着远处的汽笛声，正如南山的文化旗舰一样扬帆出海。文化南山的未来之路，让我们充满期待。

思考题

1. 请阐述广告经营的重要性。
2. 新媒体经营的手段有哪些？
3. 在新市场中要采取哪些经营管理来占据有利地位？

第九章　艺术品投资收藏类经营管理经典案例解读

■ **本章提示**

目前,在中国有超过7000万人热衷于收藏。电视上也推出了很多收藏类的节目,呈现出很多民众均享文化的盛世景象。然而,与其他投资一样,艺术品投资也存在着风险。复杂的艺术品投资收藏市场让更多的人痴迷其中,与此相关的实践,特别是成功的案例,成为众多爱好者追捧的对象。

第一节　投资收藏类案例及解读

一、概述

俗语说:“乱世黄金,盛世收藏。”随着我国投资市场的藏品价格屡创新高,富裕群体越来越重视投资收藏领域的发展。从股票、期货、房地产开始,又逐渐转战艺术品市场。由于投资市场的多样性和近年来收藏领域的快速发展,市场藏品种类繁多,收藏信息纷繁多样,如何正确选择一种风险小、升值快的收藏品,已成为每一个投资者和收藏家最关心的话题。本节针对投资者对收藏的理解、认知、掌握的情况,以及其收藏和投资需求,结合案例探讨在投资收藏中遇到的问题及经验。

二、奥运主题金银纪念币涨势凶猛

古希腊人认为，给未能参加奥林匹克运动会的人颁发运动会纪念品，会缩短大众与奥林匹克运动之间的距离。因此，早在公元前420年的古希腊就开始发行奥运题材的纪念币，历时1000多年。而现代奥运会纪念币是直到1952年芬兰赫尔辛基奥运会才首开先河。自此之后除个别情况外，为历届夏季和冬季奥运会发行纪念币已成为举办国政府的惯例延续至今。自20世纪80年代中期以来，奥运会的举办都和经济发展紧密地联系在一起，奥运会对举办国的经济发展显示出了至关重要的促进作用。其中，发行奥林匹克纪念币也是举办国获取经济收益的渠道之一。比如第15届赫尔辛基奥运会销售0.3785亿美元，第18届东京奥运会销售10.3亿美元，第20届慕尼黑奥运会销售9.6098亿美元，第22届莫斯科奥运会销售3.06亿美元，第24届汉城奥运会销售2.76亿美元，第25届巴塞罗那奥运会销售3.68亿美元，第26届亚特兰大奥运会销售1.0237亿美元。

虽然近年来发行奥运会纪念币的主要目的逐渐演变为宣传奥林匹克精神和国家形象，但其筹资功能仍不能忽视。奥运会纪念物的收藏传统由来已久，奥运会纪念币尤其受收藏界的欢迎。通过收藏奥运会纪念币，人们可以学习奥林匹克运动的知识和历史，与奥运会亲密地接触。另外，由于各纪念币发行国历来十分重视奥运会纪念币的设计铸造，大都聘请优秀设计师设计，并由国家造币厂精心打造，奥运会纪念币大多具有极高的欣赏价值，是能够折射一个国家历史与文化的艺术精品，因而具有较高的艺术价值、收藏价值与投资价值。正因为此，全世界的钱币收藏者和投资者才都将奥运会纪念币视为收藏和投资的佳品。

第29届北京奥运会贵金属纪念币自2006年到2008年间共分三组发行，每年发行一组，共计发行金币9枚，银币17枚。纪念币围绕“绿色奥运、科技奥运、人文奥运”的主题，展现了中华文明、北京特色与奥林匹克精神。

2006年9月20日，由中国人民银行面向全球限量发行第一组第29届奥林匹克运动会贵金属纪念币，庆祝北京申办2008年奥运会成功。6枚纪念币包括

2 枚金币、4 枚银币，售价 8300 元。此次发行的纪念币包括普通纪念币和贵金属纪念币两个品种：普通纪念币一套 2 枚，发行数量各 1000 万枚，与同面额人民币等值流通；贵金属纪念币一套 6 枚，其中 1/3 盎司圆形金质纪念币(2 枚)为精制币，含纯金 1/3 盎司，直径 23 毫米，面额 150 元，成色 99.99%，限量发行 6 万枚，每枚售价为 3210 元。1 盎司圆形银质纪念币(4 枚)为精制币，含纯银 1 盎司，直径 40 毫米，面额 10 元，成色 99.9%，最大发行量各为 16 万枚，每枚售价为 470 元。以上均为中华人民共和国法定货币。3 天后，第一组金银币的价格出人意料地超过了 1.4 万元，当时的市场价格已经成功突破 2 万元大关，最新的市场成交价格为 21000 元，而同时推出的普通纪念币的价格从发行初的 28 元上涨到 79 元，北京奥运的巨大题材效应已经初步展现。

2007 年 6 月 20 日，由中国金币总公司面向海内外公开发售第二组贵金属纪念币，分别是北京申奥成功一周年纪念银章和第 29 届奥林匹克运动会会徽金银纪念章。第二组一套 8 枚，包括 1/3 盎司金币 2 枚、5 盎司金币 1 枚、1 盎司银币 4 枚、1 公斤银币 1 枚，四银二金一盒装市场价格为 8400 元人民币，均为中华人民共和国法定货币。据悉，该纪念币在成都等市场都是采取摇号销售，上市首发当日即售罄，其市场表现同样强势。第二组普通纪念币一套 3 枚，面额均为 1 元，当时已经大幅升至 70 元附近，强势十分明显；贵金属纪念币一套 8 枚，当时价值高达 1.6 万元。专家认为此币将成为收藏市场下一个“涨停”目标。

据了解，2008 年发行的北京奥运会第三组金银纪念币中，将包括一枚重达 10 公斤的金币，限量不超过 29 枚，单枚售价将超过百万元人民币，收藏价值极高。

早几年发行的奥运金银纪念币涨幅更大，如中国人民银行在 2001 年 7 月 14 日发行的名为“申奥成功”纪念银币，一套面值为 10 元，发行量 6 万枚，当时的发行价格为 220 元。由于这一套纪念币是我国发行的第一套有关北京 2008 年奥运会题材的金银纪念币，题材重大、纪念意义明显，一面市就受到了收藏投资者的高度关注，并在极短的时间内，其价格就上升到了 500～600 元。目前最新的市场价格为 2080 元，与发行价格相比，已经上涨了近 10 倍。

目前已发行的与第 29 届奥运会主题有关的金银纪念币、章共有 6 种：申奥成功纪念银币、申奥成功一周年银质纪念章、奥运会徽金银纪念章、奥林匹克旗帜交接纪念章、奥运吉祥物纪念章和残奥会金银纪念章。在收藏投资者的高度追捧下，价格节节攀升。

【案例解读】

自 1951 年芬兰首开奥运会纪念币发行先河以来，奥运题材纪念品逐渐发展壮大，在收藏领域开辟了一个新的市场。如今，作为弘扬奥运精神、普及奥运文化的重要载体，与奥林匹克运动有关的纪念章、纪念币等藏品，已成为世界各地收藏爱好者的珍爱之物。事实上，在曾经举办过奥运会的国家、城市，都已形成了收藏奥运纪念品的风尚。

奥林匹克运动如今已成为一种独特的社会文化活动，在社会公众心中占据着越来越重要的地位。在中国北京 2008 年奥运会即将开办的时候，以奥运为主题的艺术品备受推崇，与奥运相关纪念品的收藏开始升温，一些奥运收藏品的升值空间也被投资者所看好。以邮品、纪念币（章）和纪念品三大类收藏的奥运收藏文化已经形成一种国际文化。据了解，收藏主要从藏品的文化价值（包括藏品的历史性、知识性、工艺性、是否限量等方面）和经济价值方面考虑。一件奥运藏品融入的文化元素越多，收藏的价值也就越大；同时，发行的数量越少其价值也就越大。比如奥运银盘和奥运银条，银盘的文化元素很多，丰富的我国古代体育文物图案涵盖了发源于中国的体育运动项目：蹴鞠、捶丸、武术、围棋等。而奥运银条上面虽然有奥运会徽、福娃等形象，但其内涵远没有银盘丰富，所以银盘的收藏价值要高于银条。同时，银盘有大小两种，大银盘发行量仅为 29 块，虽然标明的价格是八千多，但是一对大银盘在拍卖会上拍出了 58000 元的价格，其潜在的升值空间很大。随着奥运会宣传与进展工作的持续深入，大家对于奥运纪念品收藏投资价值的认识也愈发加深，价格也呈现出稳步上升的态势。

2008 年奥运会是举世瞩目的一件大事，奥运纪念品旨在宣传和弘扬奥林匹克精神，普及奥运文化，展示国家形象。北京奥运会贵金属纪念币面世蕴含着十分重要的意义：第一，奥运纪念币是向世界展示国家形象和民族精神的重要载体，中华民族 5000 年的历史和文化凝聚其中；第二，奥运币是以国家货币铭刻北京奥运的重要载体，每一个细节体现的都是国家法定货币和人民银行的信誉；第三，奥运纪念币的发行，提升了中国金币的品牌和产品形象，促进了中国金币事业持续、健康、稳定和协调发展。第四，奥运纪念币是向世界展示我国钱币创作质量和水平的重要载体，北京奥运会的申办成功圆了中华民族的百年梦想，同时也创造了奥运币在这代人手中诞生的难得机遇。

三、齐白石作品投资探析

齐白石是 20 世纪十大画家之一，西班牙艺术大师毕加索对其赞赏有加："我不敢去你们中国，因为中国有个齐白石，齐白石是东方一位了不起的画家!"近几年，齐白石作品热销。在香港和纽约市场，每年都会固定拍卖齐白石的画作。2009 年，齐白石成为艺术品销售榜单上最耀眼的明星，其作品以 7000 万美元的销售额仅次于毕加索和安迪·华荷，名列第三位。

有人认为艺术是"高尚"的，而金钱是"低俗"的，把艺术与金钱相提并论是对艺术的侮辱。然而实际上，艺术家的作品只有进入市场流通才能更好地实现它的价值。艺术家与市场如鱼和水，可以说，没有市场，就没有艺术家。中国著名经济学家于光远主张要有更多的书画艺术作品进入市场，成为"是"商品的东西，这不仅对经济发展和人民生活水平的提高有好处，对书画文化的发展也大有好处。同时他还指出："发达的市场经济中买卖的商品，一定要以为市场而生产的商品为主。如何使艺术家摆脱功利的考虑，是一个要解决的并由他人帮助解决的事情。但是艺术家不要耻于做商品生产者，这是树立新观念的重要内容。"

正因为如此，艺术市场的运行，应该是以书画作品的艺术价值来左右市场的价格。就整个中国艺术品市场而言，目前齐白石作品的价格比较高，已经过亿元。据雅昌艺术网统计,2007 年共推出齐白石先生的作品 1588 幅,成交价在 100 万元以内的有 953 件;超过 100 万元的有 62 件;超过 200 万元的有 17 件;超过 300 万元的有 9 件;超过 400 万元的有 3 件;超过 500 万元的有 3 件;超过 600 万元的有 1 件;超过 700 万元的有 1 件;超过 900 万元的有 1 件;流拍的作品共计 528 件。2009 年中国艺术品市场齐白石的作品 100 万元以上的有 2780 件;500 万元以上的有 325 件,千万元以上的有 184 件,5000 万元以上的有 21 件,超亿元的有 4 件。2011 年 5 月 22 日,齐白石最大尺幅作品《松柏高立图·篆书四言联》以 4.255 亿元人民币的天价成交,这不仅刷新了齐白石个人书画成交纪录,还创造了中国近现代书画拍卖的新纪录。

齐白石作为一代宗师,是中国近现代最杰出的艺术大师之一。在市场格局里,他的作品市场走向是随着整个大盘的跌涨而跌涨的。据有关数据显示,2000 年齐白石作品的价格波动起伏较大,平均价格不过 8 万元/平方尺,最低的时候探底至 2.4 万元/平方尺。2004 年还出现了升温的现象,齐白石的作品开始反弹到每平方尺 10 万元以上。2005 年更是达到高潮,升幅到 35 万元/平方尺,且上拍的作品数量和成交率都保持在高位。2006 年整个艺术品拍卖市场进入盘整期,齐白石的作品有所回落。2007 年行情略微回升,齐白石作品的价格相对稳定在每平方尺 20 万元以上。此后,齐白石作品的拍卖成交价格稳步攀升。到 2010 年春拍,齐白石作品的拍卖成交价已攀升至 50.9 万元/平方尺。直到 2011 年春拍时,这一数字已跃升至 124.6 万元/平方尺,同 2000 年春拍的 5.1 万元/平方尺的价格相比,更是翻了 20 多倍。

正因为齐白石作品的精绝,所以其升值速度在艺术拍卖市场才如此罕见。齐白石的画作在中国绘画史上具有突破意义的价值,这也是其作品热销的原因之一。投资者如此热衷于齐白石的作品,表明在艺术品投资上投资者们正在回归价值投资和经典投资,多数投资者已走向理性与成熟。

【案例解读】

艺术不但能够陶冶情操,同时也是财富的创造之源。只要能够妥善驾驭艺术的商业化,就能够创造出一条艺术投资的创新之路,这不仅能够为投资者提供一个良好的环境,还能够带动相关产业的增长,推动整个城市的良性发展。

在经济全球化的今天，我们可以看到齐白石文化产业对于一国发展所发挥的创造性力量。一个国家的发展不仅依靠经济实力，更需要文化作为支撑。对于拥有几千年文明史的中国来说，发展艺术品拍卖市场可以成为较之他国的一大竞争优势。而以齐白石书画作品为原始资产的齐白石文化产业链，更是一个极具市场价值的产业集群。这需要我们深刻挖掘齐白石书画作品的价值，运用商业手段，实现一条以艺术品流通带来文化收益加速的资金循环和自循环的产业链。

第二节　艺术品经营品牌案例及解读

一、概述

艺术品是解读历史的一把金钥匙，其深厚的文化积淀成为发展文化产业的不竭动力。艺术品一经诞生，便具有浓厚的人文价值，汇聚东西方文化的精华，融古代文明与现代文明于一身。一个优秀的艺术品不仅能够补充人们在精神领域上的不足，激发人们的灵感，还可以引导人们进入更高的思想境界。我国艺术品市场经过10多年的培育和成长，现已逐渐成为中国经济最有活力的重要组成部分，并已经开始在世界艺术品发展中崭露头角。在艺术品市场，无论是艺术家还是经营者要想成为“大赢家”，就要有品牌意识。

二、大芬油画

“艺术与市场在这里对接，才华与财富在这里转换。”深圳大芬油画村正在创造这样一个奇迹。

现在的大芬村，占地面积只有0.4平方公里，曾经是深圳市的一个居民小组。当地本土居民只有300多人，外来人口却达到1万多人。这个曾经以农为主的小村庄，在城市化的演变过程中，在市场经济大潮的推动下，在政府政策的大力扶持下，已经变成了一个世界闻名的油画生产、加工、复制、收购、外销基地，是一个堪称奇迹的文化产业基地。

1989年，香港一个经营商品画的商人看中这里，因为这里具有紧邻深圳特区二线关外、房租和劳动力成本低廉、交通便利的优势。于是这位商人带着十几个画工进驻大芬。令人没有想到的是，这位商人在不经意间，将油画这个特殊的产业带进了大芬，乃至深圳。随着商品画市场的升温，越来越多的画家、画工和经销商也走进了大芬村。地方政府在大芬村的演变中，敏锐地发现了发展文化产业的机遇，他们所想到的和所做到的就是扶持和服务于大芬村的发展。

为了引导大芬油画更好地向产业化、规模化发展，地方政府采取了一系列措施。一是制定规划战略，邀请东南大学规划研究所等大专院校的专家，为大芬油画村的发展出谋划策，同时，出资1000万元进行村内环境改造，建设油画市场；二是成立镇级文联，搭建画家、画工交流和合作的平台，并积极开展联谊活动，扩大交往，避免各自为战；三是为“大芬油画”进行形象包装，打造品牌，并通过组织赴港展览和参加文博会等形式，提高大芬油画的知名度；四是建设廉租房，供各地画家进驻创业，开设个人工作室。一个集生产、交易、展示、培训、旅游等功能于一体的新型文化产业基地的雏形已经形成。大芬油画产业的崛起为整个村子的经济注入了活力，也提升了深圳文化产业的整体地位。近年来大芬油画村先后被国家文化部等机构命名为“文化产业示范基地”、“版权兴业示范基地”、“深圳市文化产业示范基地”。

今日的大芬，正在用文化讲述一个产业发展的传奇故事。截至2012年，大芬油画年销售额达到31亿元。随着大芬油画畅销全球市场，“中国大芬”品牌在国外也广为传播，在占美国油画市场份额60%的中国油画中，“大芬油画”占了其中的80%。

【案例解读】

从20世纪80年代开始，曾经贫穷落后的深圳布吉大芬村，在短暂的10多年时间里，创造了一个奇迹，它占领了全世界60%的油画市场。大芬村的成功在于改变了传统油画的创作方式——将原本的个人创作变成了流水线式的集体创作，把艺术品创作变成了生产加工，并批量生产。如今大芬油画村的产业链条已十分完备，从油画、画框的生产，到油画原料、画框木材的供应，再到油画产品的托运、快递一应俱全。“大芬油画”形成了与众不同的特色和优势，展现出了文化产业富有生机和创造力的基本特征。

第一，“画家与企业联合”的文化产业群体已经形成。在大芬，油画从一种仅供少数人欣赏的艺术品变成了大家赚钱的文化商品。这里云集了8000多名画家、画工，8家油画产业工厂，300多家画廊，700多家油画个人工作室和油画作坊，形成了一支色彩缤纷的油画产业大军、一个充满活力的产业群体。

第二，产供销一体化的文化产业链条。在市场经济的规律下，画家、代理商和经纪人分工明确，各司其职，他们构成油画市场的主体，形成产供销一体化的产业链。如今，这里平均每天都有两万多件绘画作品源源不断地运往世界各地。

第三，高度关联的多元文化产业形态已经出现。在这里，各类美术培训班比比皆是，直接服务于油画生产的材料业、文化用品业日益兴旺，由油画业衍生出来的其他产业如雕刻、刺绣、国画、旅游、运输、餐饮业也日益红火。

三、拍卖行业的巨擘：苏富比（Sotheby's）和佳士得（Christie's）

伴随着席卷全球的收藏和拍卖浪潮，苏富比和佳士得这两个名字开始频繁地出现在人们的眼前。其中，苏富比拍卖公司可以称得上是世界现代拍卖行的先行者，它于1744年由英国人萨缪尔·贝克（Samuel Baker）创立，距今已有270年的历史。1766年，另一个英国人詹姆士·佳士得（James Christie）成立了佳士得拍卖公司。在此后的200多年，苏富比和佳士得一直相伴相随，在各种拍卖领域里，尤其是艺术品的拍卖中，展开了激烈的角逐。

1983年9月，苏富比被一个叫阿尔佛雷德·陶布曼（Alfred Taubman）的美国房地产商收购，并在1984年6月将总部从伦敦迁到纽约。现在的陶布曼家族拥有苏富比21%的股份和63%的投票权。而佳士得则在1998年5月被一个叫弗朗索·皮诺(Francois Pinault)的法国商人以12亿美元收购。

早在20世纪60年代,苏富比就已将目光瞄准了英国以外的更广阔的海外市场,而佳士得则一度在实行扩张策略上犹豫不前,直至1977年才在美国设立了第一家海外分公司。这使得佳士得在以后的几十年里都只能紧跟在苏富比的后面。目前,佳士得在全球设有100多个分支机构,而苏富比的势力显然要超出这个数字。在中国香港和内地,佳士得和苏富比都已经设立了分支机构。在世界范围内,两家公司支配着各种类型的拍卖活动,并一起控制了全球艺术品拍卖市场95%的份额。

在18世纪下半叶的英国,特别是伦敦,许多有钱人或贵族去世后,其家人都会将其生前的藏书变卖掉。苏富比的创始人贝克从中发现了一个巨大的市场,从而开始了拍卖书籍的业务。而佳士得则更妙,他看到世界各地有许多富人都以到伦敦旅行、搜集古董为时尚,发现伦敦作为一个艺术品的买卖集散地的地位日益明显,于是走上了拍卖的道路。

几经岁月流变,苏富比和佳士得身上的英国绅士味越来越被浓厚的商业气息所覆盖。并且,他们之间的狂热竞争也越来越无风度可言。他们把价格标签贴在艺术品和文物上的做法也损害了不少人的情感。但从另一方面来说,也正是因为他们这种狂热的竞争,才在某种意义上促进了艺术品市场和文物市场的突飞猛进。很多价值连城的稀世之宝,经过它们的拍卖,得以重见天日或重新确立珍贵的价值,比如凡·高的《向日葵》,1987年在佳士得以近4000万美元的天价成交。也正是以此为开端,世界名画的身价开始陡涨。

【案例解读】

苏富比和佳士得这两家公司都是其创始人独到眼光的产物。它们的成功一方面源于其敏锐的嗅觉与顺应时势的转变,另一方面得益于其率先实施国际化策略和规范周到的运作、服务。这两家均起源于英国的拍卖公司,无论是从资历上还是规模上都远远超过了其他同行,可谓并称世界拍卖行业的双雄。它们是一对势均力敌的竞争对手,控制着全世界艺术品拍卖95%的份额,它们的狂热竞争促进了艺术品和文物市场的突飞猛进。如果说拍卖现场是一个令人炫目的舞台，那么苏富比和佳士得就是这个舞台上最为闪亮的明星；如果说拍卖市场是一块大蛋糕，那么苏富比和佳士得之外的其他拍卖商就只有捡蛋糕屑的份儿了，因为这两大世界拍卖巨头差不多将整个蛋糕都收入了囊中。

苏富比拍卖公司于1860年在美国开设分公司，于1964年合并了当时最大的竞争对手——派克巴奈物画廊，成为世界上第一家国际拍卖公司。70年代以来，苏富比在世界各地(包括中国的香港和台湾在内)建立了100余家分公司和分支机构，虽然它目前还没有在中国内地展开拍卖业务，但在2007年成立了北京办事处。现在，苏富比和佳士得的业务范围基本上大同小异，它们都拍卖从枪支到玩具、从家具到珠宝等各种各类的商品。但它们在全球最负盛名的还是其艺术品拍卖业务，它们每年拍卖的各种艺术品都达几十万件。而那些举世瞩目的重大艺术品的拍卖活动，几乎都是由这两大巨头一手把持的。现在，苏富比和佳士得都已经成为奢华和财富的象征，它们的拍卖会都已经以豪华盛会的形式存储在人们的记忆之中。

第三节　艺术品交易和服务类案例及解读

一、概述

由于艺术品市场存在鉴定标准置信度低、法规缺失、鉴定真伪困难等问题，容易给投资者、收藏家带来很大投资风险，所以急需专业、权威的相关贴身服务。于是一些企业开始为客户提供专业服务，在交易中对拍品提供质量保证和销售服务。随着艺术品投资市场的发展，一些拍卖机构由只提供常态的拍卖交易服务升级到针对不同收入人群的专业特色服务，使得投资指导因此成为一项急需且广受欢迎的服务板块。

二、名画失窃，博物馆安全惹人忧

2008 年 2 月 10 日，据英国媒体报道，一伙蒙面持枪劫匪于当日下午在瑞士苏黎世布尔勒收藏展览馆抢走了出自四名著名画家之手的传世之作。有塞尚的《穿红背心的男孩》、德加的《卢多维克・勒皮克和他的女儿》、凡・高的《正在开花的栗树枝》和莫奈的《在维特尼的罂粟花田》，总价值高达 1.13 亿欧元（约合 11 亿人民币）。这是瑞士历史上最大的劫案，也是欧洲在和平时期发生的最大艺术品劫案之一，被认为是全球最大的艺术品劫案之一。

据报道，有 3 名头戴滑雪面罩、身穿黑衣的劫匪进入了收藏展览馆，当时距离闭馆还有半小时，大部分参观者已经离开。他们其中一人拿枪逼迫馆内的保安和工作人员躺在地上，另外两人进入底层的主展厅取下这里最有价值的 4 幅名画，再把它们装入一辆白色汽车。整个过程只有 3 分钟，楼上的 15 名参观者甚至不知道有劫案发生，直到警报声响起才知道出了事。据工作人员回忆，当时拿枪威逼他们的劫匪说的是有斯拉夫口音的德语。警方开出了 10 万瑞士法郎（约合 66 万元人民币）悬赏捉拿劫匪。

遭到抢劫的布尔勒收藏展览馆设立在一座建于 1886 年的古色古香的住宅楼内，被认为是全球最重要的欧洲绘画私人收藏馆。它由在苏黎世生活的工业家布尔勒于 1936 年创建，馆内收藏大约 200 幅名画。瑞士当时接连发生艺术品失窃案。在布尔勒收藏展览馆劫案发生的 5 天前，在苏黎世附近的小城市普费菲孔的一个毕加索画展上，两幅价值至少 320 万欧元的毕加索名画《马头》(1962)、《玻璃杯和罐壶》(1944)不翼而飞。警方一时还无法确定这两个案件是否有关联。

无独有偶，据英国卫报报道，挪威奥斯陆蒙克博物馆的蒙克名画 *Scream*（《呐喊》）和 *Madonna*（《马当那》）的画像同样被一伙蒙面抢匪抢走。挪威警方虽然展开全国搜查，但是仍然一无所获。时任挪威文化部副大臣史赖特霍姆说，“这起抢劫案是挪威第一起持枪抢劫艺术品的案子，希望这两幅作品最后能再回到蒙克博物馆。”侦办的警官说，目前还没有接到歹徒勒索敲诈的讯息，也不清楚抢匪的动机。有专家推测，抢匪很可能是想勒索，或想利用这次事件在同行面前炫耀。这两幅画被抢走的日子是2月22日，在1911年的同一天，另外一幅名画《蒙娜丽莎》在巴黎被盗。因此有人推测，抢匪是有意选在这一天行动的。

【案例解读】

近年来博物馆艺术品失窃的事件愈演愈烈，一方面博物馆的安全问题成为大家热议的焦点，博物馆的经营也饱受质疑；另一方面保险成为了为艺术品失窃减少损失的重要补救措施。由于没有参保盗窃险，许多传世佳作一经流出就进入黑市进行非法交易，给博物馆造成了惨重的损失。

在西方发达国家，除了信贷，人们还有给艺术品投保的习惯。说到艺术品保险，一定要提的是金盛保险专门负责艺术品保险的子公司——金盛艺术品保险公司（AXAart），其定期展示自己的收藏而且拥有一套完备的被盗西方艺术品数据库。只要被盗的艺术品出现在任何一家拍卖行中，都会立刻在数据库中反映出来，并由金盛艺术品保险公司向拍卖行交涉，收回艺术品并还给收藏家。金盛艺术品保险范围不仅包括艺术品失窃后的赔偿、追索，也负责艺术品损坏后的赔偿。目前，金盛艺术品保险在比利时、法国、德国、意大利、西班牙、瑞士、英国以及美国提供艺术品的保险服务。

在国内，目前艺术品保险服务还是一个空白。究其原因，一位业内人士表示，一是国内还缺乏为艺术品保险的法律法规。这当然可以由保监会会同相关部门制定，规范投保人和保险公司的责、权、利，但这绝对不是一朝一夕的事情。二是如何鉴定收藏品的真伪还没有统一的说法。即使是保险公司配备了专业的鉴定师，也很难杜绝骗保的发生。三是如何为这些艺术品定价也没有确切的标准。保险公司最关键的障碍是无法对这些收藏品进行估价。

三、金融机构进军艺术品经营行业

在国外，银行介入艺术品经营领域除了提供贷款还有另外一种方式，就是艺术投资顾问业务，这属于银行的个人理财服务。这些服务包括评估收藏家的收藏品价值、保险与运输咨询、买卖建议等。这种服务是很传统的艺术投资咨询，不一定要由银行业执行，但是不少银行的重要客户也是收藏家。例如瑞士华宝银行(UBS)向来就是各种传家宝器、珍稀收藏的庇护所，过手的古董、艺术品和服务的客户自然都非等闲，因此这种服务虽然得动用相当贵的专业资源，却也是许多银行免不了的服务项目。有了这些专业人员，这些银行就以收藏、交易、买进卖出的方式影响艺术品的价值和客户的买卖行为。目前有艺术投资顾问的银行有 JPMorgan、Citibank 和 UBS 等。

Citibank 以策展的方式在各地向有潜力的顾客介绍艺术家，以展览和评论影响顾客，同时以鉴价和预测成长空间来召集买家。另外，无论是在收藏家生前还是在收藏家去世后针对其家属，银行的艺术顾问在遗产问题上都有非常重要的任务。艺术顾问要避免收藏家在过世时，因为其收藏品的价值太高而有巨额遗产税的责任。

尽管是个人理财的服务，Citibank 艺术投资却不建议客户为了投资而购买艺术品，而是着重服务对艺术有兴趣的客户。因为如果只是为了增值，有比艺术品获利空间更大的投资产业。而对于艺术品的认识和交易，都需要许多研究工作，这必须是本来就对艺术有热情的人才适合的投资形式。

UBS 通过慷慨赞助艺术而提升其行业知名度和好评度，设立了 UBS 艺术奖，并赞助 Art Basel、Art Basel Miami、摄影博物馆 Fotomuseum Winterthur 和 Locarno 电影节等。银行的艺术投资服务也有相当久远的历史，服务项目也很完整，包括资讯研究、鉴价、保全及运输建议、代买代卖、收藏策略、遗产规划、维修监督等，服务项目全备不输给美术馆。UBS Art Banking 有一个有 30 年历史的收藏部门和顾客服务部门，收藏部分包括钱币、古董和从传统到当代艺术的收藏品，现在还有网络上的展览和时常更换的收藏展。顾客服务部门针对实力雄厚的收藏家作出收藏建议与买卖评估。当然顾客有时也会变成收藏部门交易的对手。

【案例解读】

由于中国内地艺术品市场的发展与火爆，导致越来越多的海外艺术品金融机构到内地进行推销,这必然会吸引更多的参与者。要想孕育出适合中国的艺术品金融产品,就必须借鉴发达国家的先进经验,开阔我们的思路。

在海外,金融机构在提供金融服务的同时也参与艺术品投资。一些推出相关金融服务的机构往往会在服务介绍中宣传自己的收藏,例如荷兰国际集团(ING)曾专门出过一套介绍其收藏的小册子,这些机构更有一套完备的体系来保障其服务。以上提到的这些在经济发达国家艺术品拍卖、经营业已经成熟的金融工具,对于我国的艺术品经营业来说尚显陌生,很多领域内依然是一片空白,有待于我国相关法律法规的健全,逐渐设立各种金融法律制度,使其满足金融资本在运作中的风险规避要求。如贷款银行对于贷款方的审查权与全程跟进知情权在很大程度上可以降低骗贷风险,以及税收政策、公证手段等配套政策的不断完善,可以切实保证经营者和投资人的合法利益。

2007年6月18日,中国民生银行高调推出非凡理财系列,其中包括一个名为"艺术品投资计划1号产品——中国当代书画板块"的理财项目,在国内银行业首开艺术品投资理财服务,成为"敢于第一个吃螃蟹的人"。民生银行因此成为中国第一家被银监会批准进入艺术品基金领域的银行机构。银行的加入使国内艺术品市场正在步入一个金融化时代。

思考题

1. 请阐述艺术品收藏投资与经营的关系。
2. 经营手段如何在收藏投资中发挥作用?
3. 艺术品收藏投资的经营需要注意哪些事项?

第十章 体育休闲类经营管理经典案例解读

本章提示

改革开放以来，我国的经济迅猛发展，人民的生活水平显著提高。在满足温饱以后，人们有更多的意愿和能力来丰富业余生活，由此便带来了体育休闲行业的繁荣。本章将介绍体育休闲中比较典型的经营管理案例。

第一节 体育赛事类案例及解读

一、概述

大型体育赛事一直是人们关注的焦点，体育赛事经济也吸引着当地商人乃至世界商人的目光。以此为契机来提升城市形象，提高民众的凝聚力，这些都成了举办体育赛事的题中应有之义。不仅如此，借筹办之势打造品牌赛事也成为相关人士关注的内容。因此，体育赛事的经营管理已成为大家关注的焦点之一。本节以体育赛事活动为研究内容，解读体育赛事活动的组织管理方式，以期提高文化产业从业者的组织能力、协调能力和管理能力。

二、卡赛:卡车也疯狂

中国比较特殊的体育制度、尚不发达的经济水平和体育文化的贫乏,让赛事营销走得步履维艰。许多推广公司不但没有淘到金子,就连自己的本金都打了水漂。大浪淘沙,也有淘到金子的。卡车大赛主办方和推广公司——北京翰之龙传播公司广为业界关注。这个名不见经传的赛事推广公司,没有国际背景,也没有巨额资金支持,却把卡车大赛引入中国,并在很短时间内把它发展壮大。无论是赛事规模、影响力,还是赞助规模,卡车大赛都有了很大增长,实现了良性循环,成就了品牌价值。我们以此为案例,分析一下它在赛事文化产业经营管理上的成功之处。

中国的赛事想要推广,必然要做到双赢。搞好同赞助商的关系,这个赛事便成功了一半。这是中国赛事营销初级阶段的必经之路,也是卡车大赛能够成功在全国范围内推广的一个重要原因。

曾经有专家指出国内企业缺乏对体育精神的了解,没有把体育和自身文化相结合,赞助赛事缺乏连贯性和统一的标准。在处理卡赛精神和赞助商企业文化上,卡赛承办方和福田算是较为成功的一个案例。卡赛承办方负责人李上雄处处注意把福田的企业文化融入到卡赛精神中,福田也长期赞助卡赛。虽然还不是很长时间,但是对于中国刚刚崛起的卡赛,长达三年的赞助已经给福田带来了品牌效益。现在只要一提起卡赛,人们就会想起福田,而福田重卡在赛场上的表现更是准确地传达了福田重卡的优秀品质。

卡赛推广成功的另一个原因是其成功地树立了赛事品牌。李上雄一直强调他的"卡赛商品论",在他看来,卡赛也是一种商品,只不过卖的是无形的产品,诉求点复杂了一些,既要吸引商家的赞助也要满足观众的胃口。对于一个企业来讲,营销分为三个层面,从最初卖产品上升到卖服务,最后到卖品牌,这是个不断升级的过程。而卡赛等体育赛事卖的更多的是品牌和概念。因此,如何树立自身品牌,提高知名度,成就品牌价值是每个做赛事营销推广者应该考虑的问题。

在卡赛发展的三年中,每年卡赛都有创新和新卖点,第一年是打造中国第一个卡车大赛;第二年是主打美女加赛车;第三年是与国际接轨;到了第四年则是标榜娱乐化、大众化和打造中国车队。新的卖点和强大的电视、网络与平面媒体的推广相结合,打造了卡赛这一文化商品品牌,从而成就了中国卡车大赛。

【案例解读】

体育赛事是一个文化性很强的经济产业,同时也是一个经济性很强的文化产业。体育是人类社会特有的一种运动方式,它能全方位去表现、体现作为社会生活主体的人更高更强的精神境界,体现了人类自身的不懈追求和对意志品质的锻炼。体育赛事如何有效地利用中国文化资源,是值得我们思考的重要问题之一。

文化在体育赛事中的渗透能开发出富有品位的高水平的体育赛事,提升举办地的知名度、美誉度,打造赛事品牌,增强体育赛事的吸引力和生命力,从而有效提高社会效益。体育赛事与多种文化形式的结合,又将极大地丰富文化的内涵,提升文化的价值,使文化焕发出独特的地域魅力。体育竞赛所崇尚和弘扬的“自强不息”、“公平竞争”、“团结协作”、“更快更高”的体育精神是与市场经济的强者哲学、竞争原则、法治精神和公平理念息息相通的。体育赛事的成功举办既有利于增强人民体质,为经济发展和社会进步提供优质的人力资源,也可以为市场经济在我国的普及和健全提供精神动力和文化营养。

对产品的文化创意和营销是一个过程,需要培育市场。赛事更是如此,一个赛事就像奢侈品,要有文化、精神、故事,就必须要有一个时期的积累沉淀。像NBA进军中国市场便做了长期的市场培育。早在十多年前,NBA就免费给国内电视台提供赛事转播,并举行各种篮球推广活动,现在NBA的投入开始得到回报。目前,中国每周有15家电视台转播8场NBA比赛,每场比赛大约有3000万人收看,由此也引来了更多赞助商,获取了更多的利润。卡赛仍处在市场的培育期,要想走得更远就要更好地扎根中国体育文化,并不断推动同国际卡赛的接轨。

三、《城市之间》：可持续经营管理

有人评价 2005 年夏天有两档节目把电视荧屏变得热闹非凡。除了湖南卫视的《超级女声》，就是中央电视台体育频道国际版的《城市之间》了。《超级女声》已落下帷幕，而国际版的《城市之间》却仍然继续为观众带来无尽的欢乐和笑声。

《城市之间》是一档极具娱乐色彩的大型体育竞技类节目，最早由法国电视一台 TF1 的著名节目主持人吉·吕克斯(Guy Lux)先生在 1962 年创办。40 多年来，它一直占据着法国电视台收视率排行榜榜首的位置。

《城市之间》以广泛的群众为基础，以体育竞技为平台，以城市风情为卖点，是宣传城市的绝佳渠道。城市宣传片、城市领导间的对话、穿插城市特色节目的表演以及城市选手的风貌都能够充分展示参赛城市的特色。该节目是由两个或两个以上城市参加的趣味体育竞技比赛，能够广泛推动全民健身运动的开展。《城市之间》把体育作为城市人民健康的标尺，它所表现出来的乐观、健康和幽默能够深深地感染现场和电视机前的每一位观众。

《城市之间》注重群体参与性和趣味娱乐性，通过大胆、创新的设计和庞大的道具、场景，开展全民参与的文化、体育游戏的竞技、对抗，进行文化体育的交流，折射出绚丽多姿的城市文化魅力的同时，又兼备法式的幽默感和浪漫色彩。要说法国电视台声誉最高的电视娱乐节目非大型体育竞技节目《城市之间》莫属。它风靡法国 40 多年，倾倒了无数欧美观众，观众对节目的狂热程度一点不亚于世界杯。《城市之间》一般都在夏季的周五播出，现场的观众常在七八千人，而热线电话参与者多达 1000 万人，占法国总人口的 1/5。每场节目的气氛都像过节一样，这样火爆的电视节目是世界少见的。这一节目在欧洲有着广阔的市场，英国、德国、西班牙等国都相继推出了本国的《城市之间》节目。

《城市之间》共设计了 1000 多种游戏，每一个都十分精彩、好玩。例如，上千张报纸卷成空中缆绳供人攀缘，载人货车驶过垫在数百只气球上的木板等游戏都创意十足。节目的道具都是真材实料，庞大复杂，有电动的、机械的，不但结构细致精密，且安全系数高。电视娱乐节目只有把镜头对向群众，而不是几个明星，才能极大地调动参与者的积极性。法国《城市之间》之所以如此成功，就是因为它用一种群众性、娱乐性极强的竞技方式，融入人们丰富的想象和大胆的制作，从而达到促进两个城市之间体育、文化交流的宣传目的。这类节目的尝试，对于开拓、革新目前国内的电视荧屏，是一种令人耳目一新的突破。

1998 年 1 月，著名导演辛少瑛首次将《城市之间》节目引入国内，于 1998 年 9、10 月间在无锡太湖影视城和 1999 年 1 月在南海影视城、3 月在昆明云南民族博物馆、5 月在成都世界乐园共拍摄了 22 场中国版的《城市之间》。全国 16 个省、市、自治区以及香港、澳门特区的 42 支代表队参加了比赛，现场观众达到 8 万人次，电视观众高达 12 亿人次，曾创下 CCTV－5 收视率第一纪录！2005 年国际版《城市之间》采用全新节目设计，中央电视台与法国电视台共同制作，投资巨大，参与者众多，场景恢宏，堪称大投入、大场面、大制作。法国 TV5 全球法语播放，各参赛城市电视台同时播放，社会影响力巨大，必定形成新的体育娱乐收视热潮。

《城市之间》以体育为平台，以城市为卖点。来自中法两国的 20 个城市个性鲜明、魅力各异，大大提升了观众对异域城市风情、民俗、人文的浓厚兴趣，互动与竞技、乐观与幽默、健康与时尚，可以说每场比赛都掀起了一场城市之间万众同乐的快乐飓风。

国际版《城市之间》从 2005 年起开始举办，每年都有新的惊喜。2005 年“城市之间”国际趣味运动会由中法两国主办，有来自中国、法国、俄罗斯、乌克兰四个国家的 40 支比赛队伍参加，每个国家的 10 个城市各派一支队伍参赛。2005 年代表我国参赛的是天津、北京、上海、郑州、西安、大连、秦皇岛、大庆、呼和浩特、兰州 10 个城市。比赛地点为法国马赛。最终，天津获得了 2005 年《城市之间》国际版的冠军。

2005 年的《城市之间》本是由另一家乳品公司赞助并冠名播出的，但由于 2005 年年底中央电视台并不能马上确定《城市之间》是否会继续播出，因此那家企业把资金投到了其他项目上。当中央电视台与法方协商决定继续播出时，蒙牛公司就立刻获得了这个信息。经过谈判，蒙牛与中视推广有限公司和未来广告公司签订了三年的合同。根据体育营销专家们的分析，其实就算另一家企业继续赞助《城市之间》，它也不可能取得后来蒙牛所取得的成绩。2005年赞助商的最大问题是，它并没有主动介入到节目的策划和制作当中，而只是单纯的赞助和冠名。但蒙牛的做法却更为积极、更为系统，因此也取得了更好的效果。

2006年《城市之间》的比赛在法国外省留尼汪举办，这是一个地处南印度洋的由火山喷发而形成的美丽岛屿。参加比赛的队伍分别来自中国、法国、俄罗斯和乌克兰四个国家，代表中国的10个城市分别是成都、南京、海口、三亚、深圳、兰州、贵阳、呼和浩特、鸡西和景德镇。比赛进行了13场，其中10场预赛、2场半决赛和1场决赛。这既是一台具有娱乐色彩的电视节目，又是一场真正的国际比赛和较量。节目既精彩纷呈，又体现了积极拼搏的体育精神。

2006年《城市之间》的全部海选活动都由蒙牛乳业组织进行(中央电视台只出单机负责拍摄)。蒙牛以组织地方海选为契机，与当地政府建立了良好的合作关系(《城市之间》节目对城市本身也有推广作用)。而且，这比蒙牛在当地电台投放广告要相对经济些。另外，海选所达到的区域推广效果要比其他方式更直接、更贴近顾客。

当然，“积极主动”只是个开始，蒙牛给其他企业带来的启示可不止这一点。蒙牛在冠名《城市之间》之后，开展了一系列口径统一、形象突出的整合传播活动。自冠名起，蒙牛即建立了《蒙牛城市之间》的网站，汇总了所有与之相关的新闻报道、采访视频、活动现场照片等信息，以便整合推广。

2006年9月26日下午，蒙牛又通过搜狐网在线直播了南北复赛的抽签仪式。利用互联网传播信息速度快的优势，蒙牛总能保证在第一时间对外传播活动的最新消息。在《蒙牛城市之间》总决赛期间，蒙牛还特别举办了中国首届“全民健身与城市和谐”市长论坛，这更引起了全国各大权威媒体的广泛关注。蒙牛通过这些做法，促成了各个主流媒体对《蒙牛城市之间》集中报道的现象，促进了蒙牛的形象宣传。

2007年3月30日，随着全国人大常委会副委员长、全国妇联主席顾秀莲将“和谐之球”亲手开启，由国家体育总局社体中心、全国妇联宣传部、中央电视台体育频道及蒙牛乳业集团共同主办的2007年《城市之间》全民健身活动在人民大会堂正式启动。全国人大常委会副委员长、全国妇联主席顾秀莲，国家体育总局副局长、党组副书记胡家燕，中央电视台副总编李挺，蒙牛乳业集团董事长牛根生，副总裁白瑛以及NBA全球业务总裁海蒂·尤伯罗斯出席了启动仪式。与以往相比，2007年的《城市之间》规模更加宏大，在100个城市开展了1600场全民健身海选，其中1200场海选在社区举行，注入了更多流行、娱乐和时尚的元素，这可以说是我国全民健身活动的一项创新。这一届国际版参赛国家调整为中国、哈萨克斯坦、俄罗斯和美国。在13轮比赛后，最终俄罗斯夺得冠军。

2008年的国际版《城市之间》海选活动在2008年奥运圣火经过的全国113个城市中举行，每个城市都产生了10名选手组成城市代表队，代表各自的城市参加全国4个赛区的复赛。然后每个赛区决出5支队伍，全国共决出20支城市代表队参加在海口举行的全国决赛。经过一场激烈的南北对抗赛后，最终10支获胜队代表中国出征法兰西，参加俄罗斯、法国、中国和乌克兰共同举办的《城市之间》国际比赛。

2009年国际版总决赛的参赛国有中国、美国、俄罗斯和白俄罗斯。最终冠军是俄罗斯，亚军是白俄罗斯，季军是中国，第四名是美国。银川队也代表中国获得了第三名的最好成绩。

2010年在法国巴黎进行的"城市之间"国际总决赛中，银川队夺得了总冠军。这是中国自参加"城市之间"以来，在国际总决赛上夺得的第二个冠军。

2011年国际版城市之间首次迎来了8个国家：中国、法国、英国、俄罗斯、白俄罗斯、乌其兰、捷克、亚美尼亚。比赛的前四名分别是俄罗斯、白俄罗斯、中国（银川）、捷克。

【案例解读】

《城市之间》在全民参与和体育营销的融合方面首开先河，让尽可能多的受众感受到了一个真正的全民健身运动。大众体育传播在中国是正在蓬勃发展的新兴行业，终身体育、休闲体育、快乐体育是大众体育的主题思想。国家体育总局副局长、党组副书记胡家燕指出，《城市之间》通过政府、媒体、企业共同搭台，百姓唱戏的运作方式给大众体育工作的开展提供了一个很好的思路。

为了迎接2008年北京奥运会，国家体育总局开展了65项"全民健身与奥运同行”系列活动，营造了浓厚的健身氛围。这些活动的开展极大地激发了全国人民参与健身、关注奥运的热情，让“每天锻炼一小时，健康工作五十年，幸福生活一辈子”的观念更加深入人心，使广大百姓切身感受到举办奥运会给工作和生活所带来的欢乐和进步。

CCTV－5（体育频道）作为国内创办最早、规模最大、拥有众多世界顶级赛事国内独家报道权的专业体育频道，在传播全民健身理念、促进大众体育发展方面有着义不容辞的责任。随着社会经济的发展，人们的思想有了很大转变，特别是对一些发达国家和发达城市的向往和好奇，而国家、城市之间需要更为密切的交流与合作。

《城市之间》以宣传城市魅力为核心，立足于宣传城市，内容围绕体育、健康和娱乐。它的创办既适合老百姓娱乐欣赏和参与，又有利于各个城市宣传自己的文化、旅游和经济，是扩大城市知名度和影响力的极好渠道，为城市宣传搭起了面向国际的平台。

体育类节目作为电视节目的传统类型之一，几十年来一直深受观众的欢迎和喜爱。而在娱乐化日益加深的今天，观众已不再仅仅满足于体育新闻或赛事的报道，而是开始寻求娱乐的刺激和放松效果。于是，在市场经济的推动下，体育开始与娱乐相结合，衍生出了一系列颇具趣味性、观赏性、娱乐性的节目。而在这其中，大型趣味闯关型竞技节目《城市之间》正是以其独特的方式抓住了观众的眼球，吊足了观众的胃口，成为了体育类节目中冉冉升起的一颗新星。

《城市之间》从引入国内开始，在保持节目传统风格的同时也对节目的内容做出了大胆创新的改革，加入了许多本土化的元素，使节目更容易被中国观众所接受。作为一道体育类领军频道 CCTV－5，借着国家大众体育的风潮和奥运会来临之际，吸取了失败的经验，于 2006 年再次推出《城市之间》，并且把镜头对准群众，增强参与者的呼应，用一种群众性、娱乐性极强的竞技方式，融入了开阔的想象、大胆的制作，从而使这档节目得到了很好的推广和延续。这对于开拓、革新目前国内同类性质的电视节目，是一种令人耳目一新的突破。

国际版《城市之间》的举办和播出，不但对参赛城市来说是极大的焦点事件，而且由于其国际性和竞技性，也将引起全国电视观众的普遍关注。作为极具看点的体育和娱乐事件，又是CCTV－5重点引进的大众体育娱乐节目，《城市之间》将最大可能吸引到社会大众和媒体的关注，形成强大的社会影响力。此外，作为中央电视台引进的重要体育娱乐活动，《城市之间》还需要面向市场进行长期大力的经营。从2005年到2008年，中国北京、奥运、体育，都成为了全球最具吸引力的焦点，体育将在国人生活中一再掀起狂潮。国际版《城市之间》从2006年开始，以中国为基地，邀请世界各国知名城市参赛，它成为了中央电视台又一极具人气的大众娱乐节目，成为中国最具实力的体育娱乐节目先锋。

作为法国电视台创办的一档大型趣味体育游戏节目，《城市之间》近几年通过突出特色，打造品牌，已经走向国际化。《城市之间》要想得到持续性的发展，把节目做大做好，必须实施品牌战略，精心培育名牌节目。它通过近几年的尝试，已经取得了骄人的成就，很多国家已经参与进来，这使该节目提升到了一个新的高度。《城市之间》未来要走的路还很远、很长。

第二节　文化旅游类案例及解读

一、概述

文化旅游是以鉴赏异国异地传统文化、欣赏民族艺术、追寻历史文化遗迹或参加各种大型文化活动为目的的旅游，具有民族性、艺术性、多样性、互动性等特征。文化旅游的关键是文化，地域文化差异是其诱因，文化互动是其过程，文化融合是其结果，旅游只是这项活动的形式。文化旅游案例的解读是对我国管理智慧的挖掘，可为文化产业的从业者的经营管理提供借鉴和打开思路。

二、凉山旅游的“盛宴”

目前，以西昌为目的地和中转站的“冬季阳光之旅”、“航天高科技之旅”、“凉山彝族火把节风情之旅”、“泸沽湖女儿国民族风情之旅”等旅游产品和精品旅游线路不断成熟发展，使得西昌知名度越来越高，旅游市场份额和游客数量也在逐年攀升。

西昌因卫星发射而闻名，因邛海泸山而有灵气，因彝族火把节而显神秘。不难想象，未来几年，西昌旅游后发制人的优势定将喷涌而出，这又将成为四川旅游业一个新的增长点。

据了解，整个凉山州以“一办两创”(承办第二届四川冬季旅游发展大会，西昌市创建中国优秀旅游城市和四川省环保模范城市)为总抓手，以大手笔的气度，高起点的规划与运作，以全州上下一年的奋战，实现了凉山基础设施的大改善。“两创”评审组的专家们高度肯定了凉山的工作，认为以西昌为主的城市建设，不仅体现了浓烈的民族风情，而且使西昌城市的面貌提升了 10 到 15 年。城市面貌改观了，旅游产业得到了大突破，由此形成的产业链也得到了不断地延伸。

在这一过程中，凉山州先后投入巨资 20 多亿元，对西昌城区、泸山邛海、泸沽湖、螺髻山等旅游重要地点进行改造和修缮。这也是西昌建市至今规模最大、品质最高、规划系统性最强、收效最快的一次发展建设。如此大手笔的打造，在全国的地市级中都非常罕见。

通过全州上下共同努力，凉山旅游发展进入一个前所未有的新起点。2014 年上半年，凉山共接待游客 589.9 万人次，同比增长 49%，实现旅游总收入 19.0 亿元，增长 92.9%。其中春节、五一两个黄金周入境游客分别达到 130.25 万和 98.44 万人次，共实现旅游收入 4.4 亿元。

凉山在实现民族文化大州向民族文化强州，旅游产业大州向旅游产业经济强州的跨越中，用“优势优先、重点突破”的理念响亮地提出了其发展目标，那就是“努力建成中国彝族风情最浓的阳光休闲度假旅游目的地”。围绕这一个目标，凉山制定了推动民族文化产业和旅游产业突破性发展的工作思路：突出自然生态、彝族风情、科技、人文以及旅游产业等“五大特色”，打造邛海泸山、泸沽湖、螺髻山、彝族火把节、西昌卫星发射基地和红色文化等“六大精品”。“我们虽然没有广阔的海岸线，但我们有阳光下的彝族风情和绚丽多姿的自然风貌。”这是凉山旅游开发官员常挂在嘴边的一句话。

打造中国彝族风情最浓的阳光休闲度假游目的地概念的提出，以中国彝族风情最浓的阳光休闲度假游推动凉山城镇化、工业化、产业化发展，标志着凉山人找到了结合自身得天独厚的优势和资源发展旅游业的出路。凉山旅游已经迎来了发展的春天。

【案例解读】

民俗旅游是一种高层次的文化旅游，由于它满足了游客“求新、求异、求乐、求知”的心理需求，已经成为旅游行为和旅游开发的重要内容之一。西餐最多不过五道菜，而凉山州旅游开发官员不乏创意，给出了“六大精品”。同时，在民俗文化旅游创意上，凉山州除了开发外，还注重对原生态的保护，避免过分利用民间、边缘文化。民俗文化旅游的开发，无论采取何种形式，都存在着真实性开发与扭曲性开发之间的矛盾。现在的一些民俗村依照客体化的要求（村民接受被观看、被消费的客体形象）进行歌舞表演，但是他们的日常生活已面目全非。如果凉州文化旅游干扰、破坏了原有的民族生活秩序与民俗文化的自然状态，那么此次的开发就可以说是杀鸡取卵，必定不能长久。因此，在民俗文化旅游上，既要进行开发，又要加强对当地文化的保护。

当前的民俗旅游存在以下问题：

第一，特色不鲜明，缺乏创新意识。许多旅游目的地的节事活动缺乏新意，每次举办无论从内容到形式、从招牌到口号，还是从举办初衷到营销对象、从宣传手段到包装技巧都没有什么变化和创新，很难形成对游客和大众的吸引力。一些旅游目的地节事活动的组织者，缺乏精心准备、科学论证的过程，仅仅是停留在东施效颦般仓促办节的阶段，从而造成旅游目的地节事活动的雷同和低层次的重复，使得节事活动没有自己的品牌和风格，不能以当地的地脉、文脉及社会经济条件为依托，缺乏永久性、垄断性、制度化的旅游识别标志。

第二，政府主办，缺乏市场化运作。政府主办文化旅游节实行行政干预，没有市场化的运作导致了旅游节活动缺乏现代化的管理和营销观念。按行政方式运作，即上级分配工作，下级单位领受任务。组委会成员来自政府各个部门，他们亲自参与旅游节的业务活动，从策划设计、宣传包装、请人聘员等一系列具体业务都由自己操办，而较少考虑由专业公司来承办。由于单一的行政手段排斥了多元的市场操作，造成节事活动的运作成本过高，财政负担过重，容易导致经济效益不明显等问题。

三、欢乐谷的欢乐营销

华侨城集团可以说是中国主题公园开发建设的先行者和探索者，华侨城最具特色和社会影响力的主营业务就是文化旅游。从开始创业至今的 20 多年里，华侨城人一直在中国特色的自主创新主题公园连锁品牌的发展之路上不断地探索着。北京欢乐谷项目，集中外古老文化与现代高新技术的游乐器械于一身，穿插丰富而风格各异的艺术表演，提供了一个独特的文化产业形态。

北京欢乐谷是首个进入北京的主题公园。这对于北京的文化产业来说是一次升级，欢乐谷为北京及其周边地区带来了全新的娱乐体验。欢乐谷是中国首个自主创新的主题公园连锁品牌，位于朝阳区东四环四方桥东南角，占地 56 万平方米，由峡湾森林、亚特兰蒂斯、失落玛雅、爱琴港、香格里拉和蚂蚁王国六个主题文化区组成。园内精心设置了 50 多处人文生态景观、40 多项娱乐设备、10 多项艺术表演、20 多项主题游戏和商业辅助性项目，充分满足了不同人群的需要。30 多万平方米的绿化和 8 万平方米的湖面将欢乐谷打造成了一个清新自然的生态环境；四大文明主题和三大梦幻场景使欢乐谷具有了超凡脱俗的人文气质；国内外双重标准的安全检测、智能化的全园信息系统和人性化的服务配套使欢乐谷具备了世界一流的品质；国际顶尖的游乐设备、国际金奖的演艺实力使欢乐谷达到了世界领先的高度。北京欢乐谷可以说是北京文化产业的代表，它是一个为了满足大众多样化休闲娱乐需求而建造的具有独特创意的文化体验和时尚旅游项目，它以“时尚、动感、欢乐、梦幻”的娱乐个性，将文化资源与旅游产业深度融合，是很有影响力的文化旅游品牌。

为了满足旅游者的多样化休闲娱乐需求和选择，欢乐谷主题公园应运而生，它是具有创意性游园线索和策划性活动方式的现代旅游目的地形态，是一种特别的旅游产品，对于绝大部分国人来讲可能都还是新鲜事物。作为目前中国规模最大、最现代化的主题公园，欢乐谷的建成不但是北京文化产业的一次升级，也彻底颠覆了京城市民传统的游乐观念。北京欢乐谷是集主题景观、游乐设备、艺术表演、节庆活动等为一体的文化体验综合体，为游客提供的是一种有着主题文化体验的游乐形式。

在产品形态上，北京欢乐谷集故事、乘骑、表演、巡游、购物五大主题公园要素为一体，包含主题文化景观、主题故事演绎、主题艺术表演、主题节庆活动，以建筑、雕塑、园林、壁画、表演、游乐等多种形式，向游客展示了一个多姿多彩的地球生态环境与地域文化，并把游客对设备的乘骑娱乐融入故事与文化体验之中，让游客得到真正全方位的远离现实生活的梦幻与欢乐体验。比如特洛伊木马，游客在体验过程中感觉像是变成当年的希腊勇士藏在木马的肚子里面一样，这是都市生活中一种很有趣味的创意主题体验。

北京欢乐谷全天有 20 多场艺术表演，平均每半小时有一场，拥有来自 5 个国家的 200 多名演员。一般的艺术节目表演都是演员台上演、观众台下看，而欢乐谷 80%的节目都是演员在游客中穿梭，与游客进行互动，形成导演、演员和游客融为一体的新颖的演出模式。这些鲜活的表演都是与主题区特色鲜明的文化景观、文化图腾、文化符号相关的，表演与景区交相辉映，为游客奉上了一场无比丰富饱满的文化盛宴，是北京欢乐谷作为文化产业基地最主要的表现形式，也是北京欢乐谷与普通游乐园在概念上最主要的区别之一。

【案例解读】

产品是文化产业的重要一环，北京欢乐谷作为首个登陆北京的主题公园，为广大游客带来了全新的娱乐体验，是北京文化产业的一次升级。北京欢乐谷也是北京首批文化产业基地，它的创意与建设带来的不仅是一座现代意义主题公园的完成，而且还为中国人带来了一种全新的生活体验。“将欢乐进行到底”，在欢乐中生活，在欢乐中工作，在欢乐中创造，在欢乐中感动。盛世欢歌，创意生辉，是欢乐谷带给国人的一种主张，一种启示。

北京欢乐谷的文化价值，不仅体现在其对世界文明的深刻理解上，在其对经典文明与现代时尚的巧妙结合和对大众文化娱乐需求的准确把握上也体现得淋漓尽致。而文化价值的实现，在于北京欢乐谷对于文化产品的品质、特色、创新的不断追求与探索。这种追求与探索是全方位的，包括汇聚全球智慧的规划创意、集合国内外名家的表演艺术创作、倾注各方面专家学者心血的主题文化塑造，以及常变常新的各种文化交流与展示活动，将欢乐谷塑造成一个永不落幕的狂欢盛会，成为文化产业生发与实现的平台。

第三节　体验消费文化案例及解读

一、概述

体验消费是一种新颖的消费模式，由消费者先行试用，直接感受新的商品，通过对产品性能的熟悉，功能的了解，适用方法的学习，引起消费者的购买欲望。在“体验消费”过程中，商家可以挖掘消费者的需求，通过互动了解消费者的喜好，在不断改进中创新产品。本节通过对体验消费案例的分析，思考并总结体验消费发展中所面临的问题，试着提出解决方法和发展对策。

二、海尔洗衣机：体验消费的“缩水”

2007 年 2 月底，在上海龙之梦商场购物的百姓目睹了一次特别的表演——海尔举行了“不用洗衣粉洗衣机”大型消费者见证活动，让消费者见识了“不用洗衣粉也能把衣服洗干净”的神奇洗涤方式。著名生活栏目主持人许榕真也来到了活动现场，担当起了“洗衣大使”，亲手将染有污渍的衣物投入洗衣机，10 分钟过后，当洁净的衣服展现在大家面前的时候，所有观众都对“不用洗衣粉洗衣机”出色的洗涤效果赞叹不已。

在上海，紧张的生活节奏让年轻人家庭更青睐便捷健康的洗衣机。“不用洗衣粉就可以把衣服洗这么干净，杀菌作用又这么好，以后就不用担心洗衣粉的用量和洗后会不会有洗衣粉残留的问题了，简直太方便了！”在场的许多年轻人这样表示。与此相应的是，年长的消费者更关注洗衣机的节能方面。有消费者表示，之前听说过海尔的“不用洗衣粉洗衣机”，但是一直对洗涤效果有些担心，今天亲眼见到之后，发现洗涤效果非常理想，而且又省水省钱，非常经济实惠！

中央电视台《新闻联播》对海尔“不用洗衣粉的洗衣机”做了专题报道后，在青岛引起了消费者极大的关注和兴趣。随后海尔洗衣机回应消费者的反响又有了新动作。从 2005 年 12 月 17 日开始，海尔开展了不用洗衣粉的双动力洗衣机放心承诺大型推广活动，向岛城消费者推出了一种体验理性消费方式：购买海尔不用洗衣粉的双动力洗衣机，消费者可以搬回家体验使用 30 天，如果对洗净度不满意，还可以退货。

2005 年 4 月，一场由海尔人发起的“健康中国风”不用洗衣粉洗衣机现场体验洗衣活动曾风靡全国，让许多消费者现场感受到了海尔不用洗衣粉洗衣机健康的洗涤效果，在全国掀起了销售的高潮。时隔 8 个月之后，为了引导理性消费和更好地推广这款不用洗衣粉的洗衣机，海尔将体验消费再次升级，推出了使用 30 天体验活动，这在行业内还是绝无仅有的。

俗话说：没有金刚钻，不揽瓷器活儿！

海尔把产品的知情权毫无保留地交给了消费者，在 30 天内让消费者亲自体验感受产品，可见这一产品的实力所在。海尔环保双动力洗衣机将双动力技术和不用洗衣粉功能完美组合，实现了三净：洗得净、漂得净、杀得净。据国家家用电器质量监督检验中心的洗净性能检测，海尔不用洗衣粉洗衣机的洗净比比普通洗衣机还提高 25%。

由于高质量、优越性能、低污染排放、保护生态环境、不损害人体健康等优点，海尔“环保双动力”摘取了中国家电业首个“绿色之星”，也因此成为中国环境保护产业协会等四大协会共同向消费者推荐的环保产品。为了把这种环保洗衣机向全球推广，国家商务部、财政部拨出专款支持海尔“环保双动力”扩大出口。目前，海尔推出的不用洗衣粉的“环保双动力”系列洗衣机，每月的市场增幅都在80%以上，并已出口到10多个国家和地区。

【案例解读】

以上是两则有关海尔不用洗衣粉的双动力洗衣机的体验消费活动的报道。从效果上看，免费体验30天的活动改成了“现场秀”，海尔2005年在青岛开辟先河的体验消费活动创意未能在全国推广开来。现在不少商家所说的“三天之内无条件退货”也可以说是体验消费类创意。但是时间太短，消费者根本就没有充裕的时间来真正“体验消费”，而且往往还要由消费者承担回寄的相关运输费用。国外产品搞体验消费一般都是免费送货上门使用一段时间，不合适的话再寄送回店，往返运费都由商家承担。“橘生淮南则为橘，生于淮北则为枳，叶徒相似，其实味不同，所以然者何，水土异也。”枳虽不好吃，但可入药。就怕国内的体验消费最终蜕变成连入药都不成的无用之物了。

“体验”绝非是一种虚无缥缈的感觉，它可变成一种实实在在的产品。消费者一旦被体验感动，就会心甘情愿地花钱购买产品。体验营销是21世纪营销战中最有力的秘密武器，谁能牢牢地把握住它，谁就会讨得消费者的欢心，就会最终赢得市场竞争的胜利。值得注意的是，体验式营销的兴起是建立在企业的产品及服务质量、功能都相当出色的基础上，顾客已经淡化对物质的特色和利益需求，而是追求更高层次的“特色和利益”，即真切的“体验”。

如果企业的产品和服务质量、特色、功能不尽如人意，那么体验式营销不仅不会给顾客带来全新的体验，反而会带来负面的效果，导致消费者出现憎恨、厌恶的情绪。传统营销思维是建立在“理性消费者”的假设上的，因过分强调产品的功能利益，而忽视了消费者所需要的感受和体验。面对体验消费的兴起，企业应充分认识到消费者在消费时是理性与感性兼具的。企业的品牌营销要以消费者为导向，以向消费者提供有价值的体验为主旨，努力贴近消费者。仔细研究消费者的具体要求和细微感受，力图通过满足消费者的体验需求而达到吸引和保留消费者的目的，这才是企业实行体验消费的精髓，才能帮助企业树立品牌并成为其无形的财富。

三、妙典时尚，妙在体验

新加坡星城置业曾高调宣布，由其投资开发的位于北京798艺术区的国内首家Lifestyle Mall—妙典时尚广场，于2007年4月率先开业，此举拉开了早已暗潮涌动的“体验消费中心热”的大幕。

Shopping Mall意为超大型购物中心，是一种新兴的复合型商业业态，一般规模巨大，融合多种业态。2004年10月24日，以55万平方米规模而称雄中国的金源新燕莎Mall正式开业，标志着国内超大型购物中心进入了高峰期。据不完全统计，目前中国(包括台湾)已开业和规划在建的10万平方米以上的超大型购物中心已超过110家，其中包括台湾新竹风35万平方米，大连大商摩尔商业城30多万平方米，上海正大广场24万平方米，台北京华城24万平方米，台南新光三越百货购物广场24万平方米，香港海港城21万平方米，广东佛山时代广场21万平方米等。

据了解，在欧美超大型购物中心的总数只占购物中心的1%，而销售额却占零售总额的60%以上，可见超大型购物中心的重要地位不可忽视。超大型购物中心已成为全球范围内提供有效商品集散和服务凝聚的最佳方式，是零售、代理及厂商最为青睐的销售载体，是人们买、看、吃、玩、游、住等“一站式”的精神享乐式潇洒购物和消费的最佳场所，堪称当今购物中心存在的最高形态。

据妙典时尚广场总经理尹铁铮介绍，定位于生活体验式购物中心的妙典时尚广场位于朝阳区大山子环岛，是北京市新规划的创意产业聚集区。同时，该区域地处酒仙桥电子城，邻近第三使馆区、丽都国际居住区，辐射中央别墅区，地缘优势独一无二，加上新加坡星城置业的国际化投资背景，使得妙典时尚广场大胆创新，将艺术与商业空间全面融合。在整个商场中，有近百处与商场主题相融合的原创艺术雕塑、喷绘，营造出浓郁的艺术氛围，形成了第一个集购物、娱乐、餐饮、健身、休闲为一体的艺术化商场，“让消费者在欣赏艺术的新奇中体验购物与休闲的乐趣”。

【案例解读】

在商品供应相对丰富的今天，消费者购买商品出于理智思考还是身心感受？研究表明，消费者已超出单纯实用的层次，购买行为多来自身心的感受和体验。不久前，央视调查咨询中心结合多年来在消费者研究领域的成果，提出了中国消费市场的十大趋势，其中之一就是“全面体验消费模式”。

这一模式的含义是，一方面，现今的消费者不仅重视产品或服务给他们带来的功能利益，更重视购买和消费产品，以及服务过程中所获得的符合自己心理需要和情趣偏好的特定体验。在产品或服务功能相同的情况下，体验成为关键的价值决定因素，这也往往是消费者做出购买决策的重要依据。“全面体验消费模式”的另一层含义是，人们对纯体验性消费的需求日益增长，快乐消费成为一种消费时尚。在人们全部收入中用于休闲、娱乐等方面的开支比例也呈不断加大之势。种种迹象表明，消费者变得越来越感性化、个性化、情感化，他们的需求重点已由追求实用转向追求体验。

生活体验式购物中心相对于传统商业，具有一些新的特点：第一，所有的生活体验式购物中心都是开放式的，建筑形态人性化；第二，面积相对来说不大，商户由比较高档的专卖店、餐饮和娱乐等多种元素构成，其中购物这部分功能明显弱化；第三，所有的生活体验式购物中心的设计都非常有氛围，非常独特、领先、时尚。在体验消费下，消费者不再限于购买产品后所获得的美好体验，而是更侧重于在消费过程中所获取的“美好体验”。体验消费创意应该集中发掘此点功效。英国经济学家约瑟夫·熊彼特认为：“所谓经济发展，就是女王穿的丝袜，一般工厂女工也买得起。”现在看来，我国的经济发展还未到这一程度。但是，随着经济的进一步发展和体验消费的推广，将会有越来越多的“女工”也能享受到“试穿女王的那款丝袜”所带来的乐趣。

思考题

1. 卡赛都有哪些特色经营？
2. 经营管理在休闲旅游中发挥着怎样的作用？
3. 未来体育休闲与经营管理将会朝着什么方向发展？

第十一章　知识产权类经营管理经典案例解读

本章提示

当人类进入后工业时代，文化科学技术深刻地影响着人类社会的生产和生活。世界文化科技与经济贸易不断融合的同时，人们对知识产权的保护意识越来越强。在这方面，美国走在了世界的前列，在其独立后即在其宪法中提出了知识产权的概念，并于18世纪末率先制定了专利法和版权法，保障了美国的文化科技持续繁荣和国力的持续强盛。这对于美国长期占据世界经济首位起到了至关重要的作用。

第一节　商标注册类案例及解读

一、概述

文化产业是极富有个性化特征的产业。产品中的智慧、技术、知识、信息等核心思维和思想是无形的资源，只有公开才能真正体现其存在意义，但公开的同时却伴随着其创造者失去了对它的所有权，于是文化产品被贴上了“高贵”的标签，其发明创造者也被认为是这个时代最受宠的人。文化产业中显现了许多传统知识产权法律以外的形式和内容，其中商标注册已成为保护知识产权的有效手段之一。本节介绍了王致和商标海外维权事件和 HiSense 商标海外争夺战，这两个典型案例对提升文化产业从业人员的经营管理能力有着借鉴意义。

二、中华老字号王致和海外维权

北京王致和食品集团有限公司旗下的王致和商标创建于 1669 年(清康熙八年)，是具有 300 多年悠久历史的中华老字号商标品牌，是腐乳、臭豆腐的发明者，是中国的驰名商标。在其第 10 代继承人王家槐的带领下，王致和公司拥有“王致和”、“金狮”、“龙门”、“老虎”四大品牌，是北京市最大的生产和经营酿造调味品的专业化公司，其规模和创利税水平在全国同行业中名列前茅。其中腐乳在北京市场占有率为 90%，其他调味品在北京市场占有率为 60%，并畅销全国各地，还远销欧美、东南亚等国。目前全公司总资产 4 亿元，现有员工 1800 人，专业技术人员 326 名。

王致和集团从 20 世纪 90 年代末开始拓展国际市场，已在美国、加拿大、东南亚等 10 多个国家和地区注册了商标。2006 年 7 月，当王致和集团拟在欧洲等 30 多个国家进行商标注册时，却发现一家名叫欧凯(OKAI)的德国公司已于 2006 年 3 月抢注了王致和腐乳、调味品、销售服务三类商标。这家由德籍华人开办的百货公司，在德国销售多种中国知名商品，同时被抢注的还有洽洽瓜子、老干妈、白家方便面粉丝、郫县豆瓣、今麦郎、吉香居等多家中国食品品牌商标。

王致和集团向欧凯公司直接发去律师函，要求其无条件归还“王致和”商标，同时通知货运商，停止向欧凯公司供货。欧凯公司提出用“王致和”商标做筹码换取利益。在与对方协商未果后，王致和集团毅然在德国提起诉讼，追讨其商标权。总经理王家槐委托了由中方、德方资深律师共同组成的律师团队，于德国当地时间 2007 年 1 月 25 日，向德国慕尼黑地方法院递交了起诉书，并于 2007 年 1 月 26 日被法院正式受理。北京时间 2007 年 8 月 8 日下午 5 点，德国慕尼黑当地时间 2007 年 8 月 8 日上午 11 点，王致和集团诉德国欧凯公司商标侵权和不正当竞争案在慕尼黑地方法院正式开庭，双方代理律师展开了激烈的交锋。

在庭审中，王致和集团提出欧凯公司抢注商标，侵犯了王致和集团在德国的在先权利，以及对欧凯公司的商业不正当竞争行为等提出诉讼指控。欧凯公司则提出注册商标过程符合德国法律，是一个正当的注册，不存在恶意行为。另外欧凯公司辩解称王致和集团对整个标识没有著作权，认为这个标识是中国古代一个通用的士兵头像，并且该公司注册这个商标是为了保护自己公司在德国的利益。

慕尼黑第一地方法院第 21 民事庭，由审判长凯斯及马尔哈特法官和帕切梅尼法官等于 2009 年 4 月 23 日宣判如下：第一，被告停止使用王致和商标的全部或其中的一部分，即王致和人头像、王致和中文，以及王致和拼音等文字。如被告违反该判决，就其侵权行为支付最高 25 万欧元的罚款，或其常务董事会承担被逮捕或被拘禁最多可达六个月的后果。第二，被告撤回其在德国专利商标局注册的王致和商标。至此，王致和这个中华老字号首次在海外的维权获得成功。

【案例解读】

根据国家工商管理总局提供的数据显示，从 20 世纪 80 年代到现在，总共发生了 2000 多起中国出口商品的商标在海外被抢注的案例，同时每年造成无形资产的损失达到 10 亿，而很少有企业真正到海外去为自己维权。因此，王致和商标海外维权胜利具有重大意义，它带给企业的启示是：

首先，商标是企业的无形资产，必须具有全球保护意识，在国内注册商标等企业知识产权时，也要在海外注册。注册费用并不昂贵，一旦注册就拥有了海外商标权，就可以进军海外市场，而一旦被外国抢先注册，那么将面临要么退出国际市场，要么花费高昂代价追讨或诉讼商标权的后果。中华老字号正在逐渐流失，经国家有关部门认定的中华老字号企业只有 2000 余家。中华老字号作为民族品牌和资产，具有巨大商业价值，首先应该注册商标，得到知识产权的保护，防止他人非法使用老字号。

其次，一旦企业发现其商标在国外被恶意抢注以后，不要用简单的、被动的、妥协的方法——用大笔费用换回商标，这对后来的恶意抢注事件无疑起到放任自流的作用，而应该积极主动地用法律的手段去夺回属于自己的权益。王致和案例表明海外诉讼并不是高不可攀的事情，没有多么复杂，投入的费用和精力也并不是很多，而胜诉带给企业自身以及国内其他企业的，不仅是国际市场份额和财富的回报，更是中国企业品牌的全球知名度和整体走出去战略的辉煌胜利。

再次，企业应该建立自己的知识产权系统，专门负责管理和维护包括商标、产品研发创新成果、专利发明、著作权、商业秘密等知识产权，特别是针对海外建立律师顾问咨询体系，在面临海外官司时，应聘请所在国律师，有信心和耐心，按照国际法律程序办事。翻开许多跨国公司的发家史，通过打国际官司，维护自身利益而得到发展的事例屡见不鲜。

三、HiSense商标海外争夺战

海信集团是在山东注册的国内大型专业电子信息产业集团。1992年海信集团首创“Hisense”，1993年12月14日获得注册，同年正式作为商标和商号开始使用，随后逐步在四十多个国家和地区进行了注册。1999年1月5日，海信集团的“Hisense”、“海信”商标被中国国家工商总局商标局正式认定为驰名商标。海信电视、海信空调、海信电脑、海信手机全部被评为中国名牌，名列中国电子信息百强第六位。2003年，海信集团实现销售收入221亿元。

2001年，海信集团的商标在进行欧洲注册的时候，发现德国西门子已与博世的合资公司博世一西门子于海信集团的驰名商标认定6天后，也就是1999年1月11日，就在德国申请了“HiSense”为指定商品注册商标，并开始以该商标销售家电产品。该商标与中国海信集团的“Hisense”商标只有极微小的区别，就是该商标与海信的英文商标字母完全一样，只在中间的字母“S”处有大小写的区别。该商标当年又申请了马德里国际商标注册和欧共体商标注册，并且要求了优先权，这一抢注的行径令海信在欧洲的商标注册全面受阻。

博世和西门子是欧洲市场上第一和第二大白色家电品牌，博世一西门子公司在德国白色家电市场上销售的产品大半是西门子品牌的。早在 20 世纪 90 年代以来，西门子公司就曾经抢注了广东佛山照明公司的 FSL 的商标、上海德士公司的 Ecolux 品牌、上海奥利玮的 ORION 品牌、厦门东林公司的“FIRE-FLY”商标还有中轻青岛分公司的 RUBY 品牌等 6 家公司商标。

2004 年 9 月，海信向外界彻底披露了和西门子长达 5 年的商标之争，2004 年 10 月，西门子到青岛与海信进行有关商标转让的最后一次谈判因西门子方面开出 4000 万欧元的高价而导致谈判破裂。2004 年年底，博世一西门子公司在德国科隆地方法院对中国的海信集团提出诉讼，中国海信决定应诉。作为反击，海信在 2004 年 12 月 3 日要求德国商标局依法撤销博世一西门子注册的“HiSense”商标。经协商无效后，双方最终进入法律程序。当时此案预定在 2005 年 4 月 14 日在德国开庭审理。

12 月 6 日下午，德国总理施罗德第 6 次访华。商务部利用此次机会，向施罗德反映中国企业在双边贸易中遭遇的相关问题，并首次启动中欧知识产权对话机制，表达了中国政府在处理双边贸易新问题上的态度。在中国商务部官员的斡旋下，海信与博西家电于当天就恢复了此前中断的谈判。谈判结果是博西家电撤回对海信的商标诉讼，修改曾经提出的 4000 万欧元赔偿金的条款。海信承认博西家电所注册的“HiSense”商标的合法性，并支付“6 位数”欧元赎回金。

海信与西门子商标纠纷案历时 5 年，终于在 2005 年 3 月 9 日达成和解协议。海信艰难地拿回了本来就属于自己的商标。

【案例解读】

据不完全统计，中国曾有超过 80 个商标在印度尼西亚被抢注，有近 100 个商标在日本被抢注，有近 200 个商标在澳大利亚被抢注。每年我国的商标，特别是一些知名商标在境外遭抢注的案件都会超过 100 起，涉及化妆品、饮料、家电、服装、文化等多个领域。目前，有约 15%的中国内地企业商标已被海外恶意抢注。通过本案例，可以得出的基本结论是：

首先，当今企业竞争的战略已经从人才、资金和市场转向无形资产。跨国公司擅长利用法律手段来威胁那些处于弱势的企业放弃本该属于自己的知识产权，将这些企业的智力资源和商业资源窃为己有，剥夺这些企业在海外的发展权，抑制这些企业的商标品牌发挥效益。我国的企业应该主动运用法律武器，保护和管理自有知识产权，要防止自有无形资产的流失。

其次，我国实行改革开放政策，对来华投资经商的外国企业实行种种优惠，但是我们还应该看到，企业间的竞争是永存的，而合作是相对的。特别是海外公司，它们意识到中国走出国门，参与全球市场竞争的强劲势头，力图采取各种方法和手段，延缓中国企业的国际化进程。其中利用知识产权制度和法律制造纠纷与官司是其重要的手段之一。看似是争夺一个商标，实际上是通过这种不正当竞争手段，抬高市场壁垒，阻止中国企业进入国际市场，贬损中国驰名商标，甚至盗用该商标垄断市场，霸占市场份额。可以预料在今后一段时间内，中国还将面临越来越多的来自国际的知识产权纠纷。海信案虽然以和解告终，但用钱买商标的事实说明它没有赢得法律的胜利。如果没有长远目光，意识不到知识产权的战略意义，商标在国外被抢注的案例将越来越多。

再次，尽管有些海外市场可能暂时很小，有待日后开发，但是考虑到竞争者有可能抢先进入，并盗用商标阻止后来者进入市场，因此国内企业在国内注册商标的同时，也应尽早在海外注册，以此来有效地保护自身的知识产权。此外，国内企业还要意识到在国际市场竞争中，不分大小和强弱，谁先注册谁占先，企业必须掌握国际知识产权制度与规则，才能有效运用法律武器保护自己的利益。

最后，在海外知识产权争夺战中，政府通过国际间协调和官方谈判，可以有效地促进双方对知识产权法律的沟通、理解并达成共识，对推动我国与世界贸易进一步融合，对企业尽快掌握国际知识产权法律制度，并利用法律手段保护自己，积极参与国际竞争具有重要影响。

第二节 历史文化遗产类案例及解读

一、概述

文化产业中的知识产权问题在一些具有悠久历史和传统的国家显得尤为突出，主要体现在本国、本地区、本民族的传统文化和历史遗产不断被世界范围传播、盗用、复制的过程中不受任何知识产权约束与限定的现象。本节通过案例来分析文化产业带来的世界性知识产权问题，即世界将以何种方式接受和传播各国的民族文化，又将以何种方式承认这些文化的价值。文化产业的兴起使知识产权的功能不仅体现在商业价值范畴，更重要的是这也是对世界文化的保护和对各民族文化特色的尊重与继承。

二、中医药走向世界，急寻保护自主知识产权的秘方

近十余年来，在全球范围内包括欧洲、美洲、亚洲、非洲等地都掀起了一股"中医药"热。世界卫生组织估计世界总人口的80%，即40亿人口将传统草药用于初级保健。

由于各国对于中医采取宽松的发展政策，吸引了很多来自中国的中医药师人才。中医在当地临床的良好记录和表现以及西医在治疗和诊断方面显示出来的局限，使得中药疗效获得国际医药界的一致肯定，从而使中医药确立了其世界性地位。在全球有几十个国家和地区建立了当地的诊断医疗机构、中医药人才队伍、中医药研究机构、植物药种植基地和贸易销售渠道，甚至中医专业已经进入了国外正规高等院校。

1999年7月22日，新加坡与中国签署了中医药合作计划书。目前新加坡拥有中医师1500人以上，中药店1000家，中医接诊病人数占全国门诊总数的26%。

1980年以来，日本以我国中医药古籍上记载的200多个古方为基础来开发新药；1994年，中医药在日本国内的销售额达到了1500亿日元，其中仿我国六

神丸开发的救心丸年销售额超过1亿美元;日本津村株式会社作为全球最大的汉方药制药企业,从1991年起先后在中国设立了8家企业从事中药的种植、采摘和加工。伊藤忠公司与三九药业于2004年11月25日签署协议,成立合资公司,将汉方药原料的加工和分析基地设在上海近郊,还将与三九药业合作在40平方公里的农用土地上把栽培的葛根等上千种药材加工成浓缩剂,然后全部通过伊藤忠公司供应日本市场。

中医药在日本一直被称为“汉方医药”,日本有汉方医学人员15000人左右,有汉方医药研究人员近3万人,有1所针灸大学、96所针灸学校、167所推拿按摩学校,针灸推拿医生约10万人。全国有20余所综合性大学设有汉方医学研究专业。最大的汉方研究学术组织日本东洋医学会现有会员1万余人。汉方药厂200家左右,汉方药经营药房4万多家。日本相当一部分人正在筹划将“汉方医药”更名为“东洋医药”,希望获得世界卫生组织(WHO)的相关支持,并在法国、德国等主要欧洲国家进入高层次的医学研究领域。针灸在欧洲已获得合法地位,并列入医疗保险体系,不少医院都设有针灸科。欧洲各国约有50000万名注册针灸师,法国大学还开设了针灸课。1997年欧洲还成立了跨国性的欧洲中医大学,总部设在法国,出版《法国针灸杂志》、《经络》等学术杂志。英国、法国、德国研究人员联合对我国传统中药名方当归芦荟丸进行研究,欧美各国纷纷投入巨资,研究开发中药新成分。韩国也仿效日本对我国“牛黄清心丸”进行品种仿制,产值超过0.7亿美元。

据统计,21世纪初全球植物药(包括各国传统药物)的年销售额为145亿美元左右,其中欧洲约占一半。第一位是德国,销售额为25亿美元。第二位是法国,销售额为16亿美元,其次是意大利、英国、西班牙、荷兰和比利时。整个欧盟销售额为55亿,人均17.4美元。美国草药总销售额约为每年15亿美元,人均消费37美元。全球各国公司为了抢占中国市场,在中国抢先申请的中草药专利已经有1000件。

中国最国粹的最应独享自主知识产权的中医药正在失去世界市场甚至失去中国作为中医药发祥地的历史地位。有关统计数据显示,目前国际中药市场年销售额达160亿美元,其中,日本产品占80%,韩国占10%,而中国本土中药仅占5%左右，而中国每年从国外进口的"洋中药"却已超过1亿美元。中国台湾垄断了欧洲中药经营市场，下设遍布欧洲的50多家二级批发公司，而大陆只有北京同仁堂在伦敦开设了一家药店。

从1995年到2000年，我国批准的新药中有自主知识产权的不到3%。江苏地道的中药材薄荷，专利共申报有16件，国内申报有8件，外国人申报为8件。美国箭牌糖类公司独揽4项专利，用于口香糖等高利润市场，而国内申报的专利只是薄荷藕、薄荷茶水等，市场空间极为有限。银杏是中国的特有植物之一，银杏目前中国专利共申报68件，外国人申报有4件，但其仅有的4项提取工艺流程专利，即将银杏开发成为天然药品已畅销世界。

中国政府、中医药教学研究组织、医疗机构和中医药行业、企业已经逐步意识到中医药面临的严重问题，并开始着手构建"中医药"的知识产权保护体系。2002年12月，中国中医研究院(中国中医科学院)批准成立了国内第一家中医古籍数字化研究室；2004年利用"传统知识保护研究"课题，国内学者创新性地提出了8大知识分类；2005年国家中医药管理局专项——传统医药申报世界非物质文化遗产；2006年6月国内成功申报了7项国家级第一批非物质文化遗产名录；2007年7月，由上海市卫生局和上海市知识产权局联合召开上海市卫生系统知识产权工作会议，将12家医院列入上海市卫生系统知识产权试点单位，其中2家为中医医院。

起始于1967年5月23日的"疟疾防治药物研究工作协作"("523"项目)，历经十多年不断创新，拥有了具有独立自主知识产权的复方蒿甲醚，即从黄花蒿里面提取出了抗疟的有效成分，命名为"青蒿素"。目前，青蒿素已经占据了世界疟疾治疗的头把交椅，在国际上获得了广泛认可，在全球79个国家获得药物销售注册，获得49个国家、地区发明专利权。2002年青蒿素被列入WHO基本药物核心目录，截至2005年年底已被26个亚非国家指定为疟疾治疗一线用药。2006年，仅专利许可费，昆药集团及专利权人就获益200多万美元。1990年，昆药集团申请了复方蒿甲醚的工艺专利，1991年4月与瑞士诺华公司签署了协议。1994年9月，中瑞双方正式签署专利开发许可协议，诺华公司负责复方蒿甲醚在全球上市销售的研究和开发工作。

【案例解读】

中医药是我国祖先发明的、贡献给人类医药学科的四大世界传统医药遗产之一。在世界上,我国对于中医药享有独立的知识产权。国际上已经非常重视中医药的影响和作用,并已经开始了深度开发和利用。在此背景下,我国中医药的保护、管理与开发就显得日益迫切。

首先,我国的中医药市场已经通过WTO成员国的身份向世界开放。这就意味着国际跨国巨头和企业集团都可以争夺中医药市场,中外企业将同台竞争。因此,中医药必须尽快得到国际知识产权的保护,在世界范围内保护中国中医药遗产和历史研究成果。更重要的是对中医药的原生态环境的保护,比如祖传秘方、种植条件和方法、中医手法和原理、中医理论和哲学思想、中医传人、中医传统培养方法等等。其中许多是中国国粹,具有独一无二的特点,不能异地培育,必须扎根于中国的物质土壤和文化土壤中,是中医药体系的核心。

中医药只有通过国际知识产权保护,才能做到真正的市场开放。如果公开发表和研讨,完全不注意注册知识产权,不仅会失去拥有的权利,还会被剥夺使用、开发和利用的权利。因此只有保护,才可能开放,才可能将中医药进一步现代化,才能利用当今先进科学技术研究开发,通过国际合作交流推动中医药国际化,创新中医药理念、方法和技术。中医药是全世界的财富,我们可以借鉴孔子学院的经验,运用政府强有力的国际协调功能,树立全球中医药统一品牌和标识,建立中医药学术研究、民间交流、教育培训、医疗诊断、技术创新、产品开发的全球网络体系。

中医药的保护和研究开发必须尊重科学、重视传统。不能采用西医的方法研究中医,也不能采用培养西医的方法培养中医人才,更不能利用西医技术和原理代替和解释中医。研究人员应该建立研究、开发、培养标准,遵循中医医道和哲学,从而避免对中医药体系的肢解和扭曲。

由于我国现代医药技术、工艺手段比较落后,中医药研究创新的速度赶不上发达国家的脚步,因此我们应该以合资合作等多种方式,吸收国际成分，利用先进的技术手段和方法，创新中医药产品，发展中医药品种，扩大中医药功能和疗效，只有采取国际合作，谋求保护上游，联合中下游的策略，才能将中医药发扬光大，成为中国原创的、全球继承的和世界共享的人类文明成果。

三、由高淳谈文化遗产的保护

1.高淳历史文化资源概况

高淳县地处“吴头楚尾”，千百年来，先民们繁衍生息、创业奋进，用智慧和汗水创造了具有吴风楚韵特色的灿烂文明。在历史的长河中，高淳大地留下众多不可移动的文物资源。根据第三次全国文物普查结果显示，截至2009年年底高淳县共普查出不可移动文物481处，主要分为古遗址、古墓葬、古建筑、碑记石刻和近现代重要史迹等5大类。2009年10月，高淳县调整公布了文物保护单位名录，共计87处117点。其中江苏省级文物保护单位有9处，南京市文物保护单位有5处。

近年来，在推进经济社会事业持续向好发展的过程中，高淳县围绕打造“文化灵秀之城”的目标，不断加大了文化遗产保护力度，社会各界文化遗产保护意识也随之不断提升，历史文化遗产在城市建设和经济社会发展中的作用不断得到彰显。2007年，高淳县淳溪镇被公布为中国历史文化名镇。2009年，高淳县被公布为江苏省历史文化名城。历史文化遗产的保护利用也充分体现了高淳县委、县政府对满足广大人民群众日益增长的精神文化需求的高度重视。

文化遗产保护利用所要解决的主要矛盾和问题有以下几点：

第一，文物资源安全形势较严峻。古建筑等文物由于年久失修，面临损坏甚至倒塌的危险，田野文物由于处于野外，无专人看管，面临被盗、被人为损毁的危险。

第二，文化基础设施不健全，文化遗产展示和利用缺乏平台。

第三，社会力量参与文物保护意识不强，宣传力度有待加大。

第四，因缺乏资金，文物资源利用率偏低。

2. 高淳县文化遗产保护利用实施和经营管理

(1)实施主体和部门。为加强文化遗产管理工作,高淳县成立了文化遗产领导小组,由高淳县主要领导担任组长,各镇和县文物管理委员会单位主要领导为成员。各镇成立文物保护工作领导小组,负责镇内文物保护单位的维修和开发。另外,为切实加强高淳老街历史文化街区的保护开发,高淳县成立了老街管理委员会,负责老街日常管理和开发任务。高淳县文广局作为文化遗产主管部门,负责文物维修的向上申报、维修方案审查和维修过程监督。

(2)高淳县文化遗产保护与利用的实施过程及所采取的措施。2007 年以来,在江苏省市住建、文物部门的指导下,高淳县把历史文化名城、名镇名村和历史文化街区的保护建设列为全县文化事业可持续发展的重点工程,并由县委、县政府党政主要领导亲自来抓,取得了较好的成绩。以中国历史文化名镇——淳溪镇和高淳老街历史文化街区为主体的老城区是名城保护的重要区域,以保护县域范围内各个时期留下的珍贵文物古迹、优秀近现代建筑、历史文化街区、名城整体和传统风貌特色、风景名胜及其环境为重点,高淳县先后制定了《高淳县淳溪镇历史文化名镇保护规划》、《高淳县历史文化名城保护规划》、《高淳老街保护规划》等一系列重要规划。

2007 年 3 月,高淳县政府制定并下发了《关于加强全县文化遗产保护工作的意见》(下简称《意见》)。《意见》结合高淳县的实际情况,充分认识到保护文化遗产的重要性和紧迫性,从多方面提出保护名城、名镇、名村的各项措施,具有积极的现实和指导意义。《意见》要求要进一步加强不可移动文物保护,重点加强对历史建筑、古建筑、古遗址、历史街区等的保护,特别加强对濒危文物的抢救保护;改进和完善重大建设工程的文物保护工作;认真开展历史文化名镇、街区保护工作等。

在认真开展第三次全国文物普查的基础上,高淳县于 2009 年调整公布全县文物保护单位,建设规划部门和文物部门相配合,对全县省市级文物保护单位的保护范围和建控地带进行了逐处划定,于 2011 年全部完成了 87 处文物保护单位保护标志的竖立工作。在划定薛城遗址保护范围时,高淳县还新增了保护界桩,使界限分明,起到了很好的警示保护作用;对每一处文物保护单位都落实一名责任人；对文物保护单位的记录档案资料进行认真的整理、补充、完善和规范，并制作标准的档案文本；对历史建筑进行登记挂牌保护，并建立古建筑巡查力度；注重激励引导，拉动社会力量参与文物保护，鼓励民间资本投入文物修缮和开发，鼓励兴办民办博物馆。

高淳非物质文化遗产丰富多彩，是江苏省民间民俗文化的"富矿区"。自2005年以来，高淳县就开始全面、深入地开展非物质文化遗产普查工作，成立了非遗普查工作领导小组，组建县非遗保护中心，具体负责全县非遗普查和保护工作。县里先后安排30多万元专项经费，全县各镇每年也分别拿出上万元资金，用于非遗普查工作，还配备了电脑、相机等一整套设备。通过三年多的不懈努力，高淳县已经建立了国家、省、市、县4级非物质文化遗产保护名录。现有国家级非物质文化遗产1项，为东坝大马灯；江苏省级非物质文化遗产13项；南京市级非物质文化遗产21项。目前高淳是南京市唯一的非遗生态保护区。

3.保护利用的成果

(1)文化遗产得到有效保护。2007年以来，按照文物"修旧如旧"的原则，一批文物保护单位得到了有效的保护，先后维修的省级保护单位有吴家祠堂、薛城遗址、沧溪戏楼、东坝戏楼、刘家陇戏楼和保圣寺塔；2011年，高淳县政府安排重点文物维修经费用于市级文物保护单位玉泉寺、永庆庵，以及县级文物保护单位周氏宗祠等三处文物的修缮。经过维修，一些不可移动文物恢复了旧时风格，整体焕然一新。

(2)文化遗产得到合理利用。高淳老街充分挖掘明清历史古街的文化特色，积极开发老街旅游，带动旅游业、文化休闲产业和特色商业的发展。老街开放的文物点有新四军一支队司令部旧址、杨厅、中街古井、耶稣教堂、新四军办事处旧址等，在这些文物点中，长年有革命文物陈列展、砖雕石刻展、道教神像画展、民俗文化活动展等特色展览。此外，薛城遗址还成立了"金陵第一古村落"出土文物展，保圣寺塔园成立了明清时期石刻展。

(3)广大群众反映良好。一方面，高淳县将文化遗产向公众免费开放，观众量持续增加，市民接受了传统文化的教育和熏陶；另一方面，高淳县把文化遗产的保护利用与生态环境建设结合，促进了二者的协同发展。2010年11月，高淳县桠溪

“生态之旅”被授予“国际慢城”称号，成为我国第一个“慢城”。高淳县为进一步丰富慢城内涵，结合区内人文历史文物资源如永庆古寺等，不断加大整合力度，打造生态文化之旅基地。2011 年，高淳县举办首届国际慢城大地艺术节，节日期间开展跳五猖、舞狮子、大小马灯等民俗文化表演活动，还举办了“乡村—花海”摄影书画展等活动，吸引了全国各地大量的游客，受到了广泛欢迎和高度评价。

(4)社会各界高度评价。2008 年，“金陵第一古村落”出土文物展在江苏省级文物保护单位——薛城遗址处举办，并设立了公众考古站，这成为高淳县又一处对外展示历史文化的窗口。时任南京市委书记朱善璐视察了薛城遗址展览馆，并给予了较高的评价。社会各界的评价有效地提升了高淳的知名度，文化遗产成为了高淳县的一张亮丽名片。

【案例解读】

高淳县遵循“全面保护，适度开发，分期实施，永续利用”的原则，严格按照制定的保护规划措施，以保护名城山水、生态及传统民居特色和传统民俗文化等要素为重点，在向上积极申请经费补助的同时，充分发挥民间资本投入，多渠道投入资金，加大文物修缮保护投入，不断完善基础配套设施，使历史文化遗产成为该县对外宣传展示的重要窗口，有力地推动了地方经济和社会的发展。

有效的保护、利用和经营管理，可以使各类历史文化遗产得以保存和合理利用，历史文化街区的传统建筑形态与风貌得以维护和延续，名城整体格局和传统空间特色得以保持和继承，历史文化资源价值得以有效体现。

思考题

1. 请阐述知识产权的重要性。

2. 如何有效地利用知识产权来进行经营管理？

3. 海信商标案对于其他企业的经营有哪些启示？

主要参考文献

《文化产业比较案例》，蔡尚伟、刘锐等著，中国传媒大学出版社 2009 年版

《创意学概论》，丁俊杰、李怀亮、闫玉刚主编，首都经济贸易大学出版社 2011 年版

《报刊创意与策划》，涂晓华编著，中国广播出版社 2009 年版

《策划学》，陈放著，中国商业出版社 2011 年版

《文化创意产业概论》，吴存东、吴琼著，中国经济出版社 2010 年版

《世界文化产业案例选析》第二版，汤莉萍、殷俊编著，四川大学出版社 2006 年版

《文化产业经营管理成功案例解读》，宋培义主编，中国广播电视出版社 2008 年版

《创意为王：中国创意产业案例典藏》，张京成、周学政主编，科学出版社 2007 年版

《媒介市场创意策划实务》，曹鹏著，中国广播电视出版社 2008 年版

《中国文化产业经典案例分析》(上、下)，李颖生主编、廖寒编著，河南文艺出版社 2007 年版

《现代会展操作实务与案例》，唐少清编著，清华大学出版社、北京交通大学出版社 2008 年版

《文化创意方法与技巧》，张浩、张志宇著，中国经济出版社 2010 年版

后　　记

本书通过对国内外文化产业各个领域具有代表性的案例进行分析、解读，形象、具体地阐述了经营管理在文化产业中的作用，以及文化产业中所采用的各种经营管理手段。通过具体、实际、生动的案例，避免了单独陈述理论的枯燥，也使读者从另一个角度去体会和思考文化产业中的经营管理。同样，希望从事文化产业经营管理相关工作的同志能够从本书中寻得灵感。由于时间仓促、水平有限，难免有疏漏之处，欢迎广大读者批评、指正。

图书在版编目(CIP)数据

文化产业经营管理案例解读/白庆祥主编.--北京:中国传媒大学出版社,2014.10(2023.12 重印)
ISBN 978-7-5657-1209-8

Ⅰ.①中… Ⅱ.①白… Ⅲ.①文化产业—经营管理—世界 Ⅳ.①G113

中国版本图书馆 CIP 数据核字(2014)第 243248 号

文化产业经营管理案例解读
WENHUA CHANYE JINGYING GUANLI ANLI JIEDU

著　　者	刘吉晨　白　宇
策划编辑	阳金洲
责任编辑	程　平
封面设计	拓美设计
责任印制	李志鹏

出版发行	中国传媒大学出版社		
社　　址	北京市朝阳区定福庄东街 1 号	**邮　　编**	100024
电　　话	86-10-65450528　65450532	**传　　真**	65779405
网　　址	http://cucp.cuc.edu.cn		
经　　销	全国新华书店		

印　　刷	北京中科印刷有限公司
开　　本	787mm×1092mm　1/16
印　　张	11.75
字　　数	174 千字
版　　次	2015 年 1 月第 1 版
印　　次	2023 年 12 月第 5 次印刷

书　　号	ISBN 978-7-5657-1209-8/G·1209	**定　　价**	39.00 元

本社法律顾问:北京嘉润律师事务所　郭建平